文创产品设计研究

王中乐 著

陕西新华出版
陕西人民美术出版社
SHAANXI PEOPLE'S FINE ARTS PUBLISHING HOUSE
西安

图书在版编目（CIP）数据

文创产品设计研究 / 王中乐著. -- 西安：陕西人民美术出版社，2024. 11. -- ISBN 978-7-5368-4162-8

Ⅰ. G114

中国国家版本馆CIP数据核字第20241WR784号

责任编辑：张　萌
装帧设计：徽墨文化

文创产品设计研究
WENCHUANG CHANPIN SHEJI YANJIU

作　　者	王中乐
出版发行	陕西人民美术出版社
地　　址	陕西省西安市雁塔区登高路1388号
邮政编码	710061
经　　销	新华书店
印　　刷	廊坊市新景彩印制版有限公司
规格开本	710mm×1000mm　1/16
印　　张	11
字　　数	200千字
版　　次	2025年5月第1版
印　　次	2025年5月第1次印刷
书　　号	ISBN 978-7-5368-4162-8
定　　价	70.00元

版权所有・请勿擅用本书制作各类出版物・违者必究

前言

　　文化创意产业作为当今全球经济与文化发展的重要引擎，正在以其独特的魅力和强大的生命力迅速崛起。文化创意产品设计是文化创意产业中的核心环节，是文化与商业的完美结合，也是文化传承与创新的有效载体。为了系统地探讨文化创意产品设计的理论基础和实践应用，《文创产品设计研究》应运而生。本书旨在通过全面的理论分析与深入的案例研究，揭示文化元素在产品设计中的重要性，探讨文化创意产品设计的创新路径，为从事文化创意产品设计的专业人士提供科学的指导和有益的参考。

　　文化创意产业的兴起，是社会经济和文化发展到一定阶段的产物。现代社会的信息化、全球化进程，极大地推动了文化创意产业的发展，并赋予其新的内涵和外延。文化创意产品作为文化创意产业的重要组成部分，不仅承载着丰富的文化内涵，更是文化传播的重要媒介。随着经济全球化和信息技术的迅猛发展，文化创意产品设计逐渐成为文化创意产业中的关键环节，其重要性日益凸显。

　　本书的研究动机源于对文化创意产业发展现状及其未来趋势的关注。文化创意产品的设计不仅是产品的外观和功能设计，更是文化内涵的表达。如何在设计中有效地融入文化元素，创造出既具有市场竞争力又能传递文化价值的产品，是我们亟待解决的问题。为此，本书通过对文化创意产业及其产品设计的系统研究，希望能够揭示文化与产品设计之间的深层关系，探索文化创意产品设计的理论框架和实践路径。

　　本书在理论层面系统地探讨了文化创意产业的定义、特征及其发展趋势。文化创意产业是以文化资源为基础,以创意为核心,通过现代科技和市场运作,将文化资源转化为具有市场价值的产品和服务的产业。它涵盖了广泛的领域,包括影视、音乐、工艺品、设计、出版等。文化创意产品作为文化创意产业的重要组成部分,其特征主要表现为文化性、创意性、市场性和综合性。通过对文化创意产业发展趋势的分析,我们可以看到,随着全球经济一体化进程的加快,文化创意产业正逐渐成为各国经济发展的新动力,其重要性不言而喻。

文化与设计的关系是本书研究的核心议题之一。文化是设计的灵魂,设计是文化的载体。文化在设计中体现在文化符号的运用、文化价值观和文化习惯的表达等方面。设计不仅要考虑产品的使用功能和美学价值,更要关注文化元素的融入和表达。通过对文化与设计关系的深入探讨,我们可以发现,设计在文化表达和传播中具有重要作用。文化元素在设计过程中的考量和应用,包括文化符号的提取、文化故事的演绎、文化情感的传递等,都是设计师需要重点关注的问题。

在文创产品设计的理论部分,本书详细阐述了设计原理和方法论、文化符号的解读、创新设计与文化传承的平衡等内容。设计原理和方法论是文创产品设计的基础,它涵盖了设计思维、设计流程、设计工具等方面。文化符号的解读是设计过程中的关键环节,通过对文化符号的研究和解读,可以提炼出具有代表性的文化元素,并将其转化为设计语言。创新设计与文化传承的平衡是文创产品设计的难点和重点,在设计中既要保持文化的原真性和连续性,又要体现创意和创新,实现文化的传承和现代化转化。

在文创产品设计的实践部分,本书通过对多个典型案例的分析,展示了文创产品设计的实际操作过程和应用效果。这些案例涵盖了不同类型的文化创意产品,包括传统工艺品、现代文创产品、数字文创产品等。通过对这些案例的深入分析,我们不难发现,成功的文创产品设计不仅在于其外观设计的独特性,更在于其对文化内涵的深度挖掘和表达。此外,本书还探讨了设计实践中的挑战与应对策略,如文化的多样性和复杂性、市场需求的变化、技术的快速发展等。设计师需要具备高度的文化敏感性和创新能力,能够采用灵活多变的设计策略,积极应对各种挑战。

在文创产品与市场的关系方面,本书通过对市场需求及趋势分析,探讨了文创产品的市场定位与竞争优势。市场和趋势是文创产品设计的重要参考依据,通过对市场需求及趋势的分析,可以掌握消费者的需求和偏好,指导文创产品的开发和设计。文创产品的市场定位与竞争优势是其成功的关键，科学的市场定位和独特的竞争优势可以有效提升产品的市场竞争力。此外，本书还探讨了营销策略与推广手段，以及数字文创的市场应用。数字技术的应用可以极大地丰富文创产品的表现形式和互动体验，开拓新的市场空间。

在文创产品设计的评价方面，本书详细介绍了评价的标准与方法、用户体验与满意度调查、文创产品的社会影响与意义等内容。评价的标准与方法是衡量文创产品设计质量的重要依据，包括功能性、审美性、文化性、创新性等指标。用户体验与满意度调查是评价文创产品设计效果的重要手段，通过用户反馈，可以了解产品的实际使用情况，发现设计中的不足，进行改进和优化。文创产品的社会影响与意义主要体现在文化传播、经济发展和社会进步等方面，优秀的文创产品不仅具有经济价值，还具有重要的文化价值和社会意义。

综上所述，本书通过系统的理论分析与丰富的案例研究，深入探讨了文化创意产品设计的关键要素和创新路径，为文化创意产业的发展提供了理论支持和实践指导。本书不仅是对文化创意产品设计领域的全面梳理和总结，也希望为设计师、研究者和从业者提供有益的参考和启示，共同推动文化创意产业的繁荣与发展。通过本书的研究，笔者期望能够激发设计师更多的创造力和灵感，使文化创意产品设计在未来的发展中能够更好地融合文化与创意，实现文化的传承与创新，为社会带来更多优秀的文化创意产品。

王中乐
2024 年 6 月

目录

第一章 导论 ··· 1

 第一节 研究背景和动机 ································· 1

 第二节 研究目的和目标 ································· 2

 第三节 研究范围和重要性 ······························ 5

第二章 文化创意产业概述 ································ 6

 第一节 文化创意产业的定义和范畴 ··················· 6

 第二节 文化创意产品的基本特征和分类 ············· 9

 第三节 文化创意产业的发展趋势和重要性 ········· 19

第三章 文化与设计的关系 ······························ 33

 第一节 文化对设计的影响 ···························· 33

 第二节 设计在文化传播和表达中的作用 ··········· 42

 第三节 文化因素在设计过程中的考量和应用 ····· 55

第四章 文创产品设计理论 ······························ 64

 第一节 设计原理和方法论 ···························· 64

 第二节 文化符号的解读 ······························· 69

第三节　文化传承与创新设计的平衡……………………………81

第五章　文创产品设计实践……………………………………92
第一节　设计案例分析……………………………………………92
第二节　设计过程与方法…………………………………………102
第三节　设计实践中的挑战与应对策略…………………………106
第四节　3D打印在文创产品设计中的应用………………………108

第六章　文创产品与市场………………………………………116
第一节　市场需求与趋势分析……………………………………116
第二节　文创产品的市场定位与竞争优势………………………120
第三节　营销策略与推广手段……………………………………123
第四节　数字文创的市场应用……………………………………130

第七章　文创产品设计评价……………………………………142
第一节　评价的标准与方法………………………………………142
第二节　用户体验与满意度调查…………………………………149
第三节　文创产品的社会影响与意义……………………………157

参考文献…………………………………………………………166

第一章　导论

第一节　研究背景和动机

一、研究背景

文化创意产业作为全球新兴产业的重要组成部分，正在迅速崛起并展现出强劲的发展势头。随着全球经济一体化和信息技术的飞速发展，文化创意产业在各国的经济和文化发展中扮演着愈加重要的角色。文化创意产业不仅推动了传统文化资源的创新转化，还为新兴文化形式的产生和传播提供了广阔的舞台。文化创意产品作为文化创意产业的核心，是文化与商业的完美结合，通过创新的设计与创意的表达，能够实现文化价值和市场价值的双重提升。

近年来，我国政府也高度重视文化创意产业的发展，将其作为推动经济转型升级和增强国家文化软实力的重要战略。政府出台了一系列政策措施，鼓励文化创意产业的发展，如设立文化创意产业园区、提供资金支持和税收优惠等。这些政策的实施为文化创意产业的发展提供了有力保障。同时，文化创意产业的兴起也带动了相关教育和研究领域的快速发展，许多高校和研究机构纷纷设立文化创意产业相关专业和研究项目，为产业的发展培养了大量专业人才。

在这样的背景下，文创产品设计作为文化创意产业的重要组成部分，其研究和实践也受到了广泛关注和重视。文创产品设计不仅需要具备巧妙的创意和出色的设计能力，还需要深入理解文化元素的内涵及其在设计中的应用。这就要求设计师不仅要有扎实的设计基础，还要具备较高的文化素养和创新思维。因此，研究文创产品设计的理论基础和实践方法，对于推动文化创意产业的发展具有重要的现实意义。

二、研究动机

本书的研究动机是对文化创意产品设计领域的深入挖掘和对其未来发展的高度关注。随着市场竞争的日益激烈和消费者需求的多样化，文创产品设计需要不断创新，以提升产品竞争力，满足市场需求。我们发现，许多文创产品在设计过程中忽视了对文化元素的深度挖掘和有效融合，导致产品缺乏文化内涵和市场吸引力。这种现象不仅限制了文创产品的市场表现，也影响了文化创意产业的整体发展。此外，当前文创产品设计领域还存在着一些亟待解决的问题，如设计同质化严重、创新不足、缺乏系统的设计方法论等。这些问题不仅影响了文创产品的质量和市场竞争力，也制约了文化创意产业的可持续发展。因此，本研究旨在通过系统的理论分析和实践探索，揭示文化元素在文创产品设计中的重要性，为文创产品设计提供科学的设计方法和创新路径，为从事文创产品设计的专业人士提供指导和参考，从而推动文化创意产业的持续健康发展。

为了实现这一目标，本研究将从以下几个方面展开：首先，通过对文化创意产业及其产品设计的系统研究，构建文化创意产品设计的理论框架；其次，通过对文化与设计关系的深入分析，探讨文化元素在设计中的应用方法；再次，通过案例分析和实践探索，总结文创产品设计的成功经验和创新路径；最后，通过对市场需求与发展趋势进行分析，提出科学的文创产品市场定位和营销策略，提升产品的市场竞争力。

第二节 研究目的和目标

一、研究目的

本研究的主要目的是探索文化创意产品设计的理论基础和实践方法，揭示文化与设计之间的内在联系，促进文化元素与产品设计的有效融合。通过对文化创意产业及其产品设计的系统研究，我们希望为文创产品设计领域的理论研究和实际操作提供科学依据和实践指导，从而推动文化创意产业的可持续发展。此外，本研究还旨在提高设计师对文化元素的敏感性和应用能力，促进文创产品的不断创新提升文创产品的市场竞争力，从而增强文化创意产业的整体水平和社会影响力。

具体来说，本研究希望在以下几个方面取得突破：首先，通过构建文化创意产品设计的理论框架，为该领域的学术研究提供系统的理论基础。现有的文创产品设计研究多集中于个案分析和经验总结，缺乏系统的理论指导。本研究通过对文化与设计关系的深入分析，揭示文化元素在设计中的重要作用，希望能够弥补这一理论空白。其次，旨在探索文化元素在文创产品设计中的具体应用方法，提升设计师在实际操作中的文化敏感性和对文化元素的应用能力。设计师在进行文创产品设计时，常常面临如何将文化元素有效融入设计的问题。通过总结和提炼成功案例中的设计策略和方法，希望为设计师提供具体的操作指南，帮助他们在设计中更好地运用文化元素，创造出既具有文化内涵又具有市场竞争力的文创产品。再次，本研究还致力于推动文化创意产业的可持续发展。通过对市场需求和发展趋势进行分析，探讨文创产品的市场定位和竞争优势，提出科学的营销策略和推广手段，为文创产品在市场中获得成功提供支持。最后，通过建立科学的文创产品设计评价体系，评估文创产品的设计质量和社会影响，提出改进建议，推动文化创意产业的健康发展。

二、研究目标

为了实现上述研究目的，本书设定了以下具体目标：

（一）构建理论基础

系统梳理文化创意产业及其产品设计的基本概念、特征和发展趋势，为后续研究提供坚实的理论基础。文化创意产业作为一个新兴的跨学科研究领域，其定义和范畴尚不明确。通过对文化创意产业的深入研究和分析，厘清其内涵和外延，明确其在经济和文化发展中的地位和作用。同时，分析文创产品的特征，探讨其发展趋势，为研究提供理论支持。

（二）探讨文化与设计关系

深入研究和分析文化对设计的影响，探讨设计在文化表达和传播中的作用，揭示文化元素在设计过程中的应用方法。文化元素作为设计的重要资源，对设计的影响深远而广泛。通过对文化符号、文化价值观和文化习惯等方面的分析，揭示文化对设计的影响机制。同时，探讨设计作为文化表达和传播的重要手段，在文化传承中的作用和表现形式，为设计师在设计过程中有效运用文化元素提供理论指导。

（三）总结设计方法论

通过对设计原理和方法论的探讨，为设计师提供科学的设计指导，帮助设计师在文创产品设计中实现文化元素与创意的高度融合。设计方法论是设计实践的重要指导，通过总结和提炼成功案例中的设计方法和策略，本研究希望为设计师提供系统的设计指导，帮助他们在设计中有效运用文化元素，提升设计质量。同时，探讨设计创新与文化传承的平衡，在保持文化原真性的同时实现设计创新的策略。

（四）案例分析与实践探索

通过对典型设计案例的深入分析，展示文化创意产品设计的实际操作过程和应用效果，总结成功经验和设计策略。案例分析是研究文创产品设计的重要方法，通过对不同类型文创产品的设计案例进行深入分析，揭示文化元素在设计中的具体应用方法和策略，为设计师提供借鉴和参考。同时，通过总结成功案例中的设计经验，提出改进建议，帮助设计师提升设计质量和产品的市场竞争力。

（五）市场需求与趋势分析

研究文创产品的市场需求和发展趋势，探讨其市场定位和竞争优势，提出有效的营销策略和推广手段。市场需求和发展趋势是文创产品设计的重要参考依据，通过对市场需求的分析，发现消费者的需求和偏好，指导文创产品的设计和开发。同时，探讨文创产品的市场定位和竞争优势，提出科学的市场定位策略，帮助文创产品在市场中获得成功。此外，提出有效的营销策略和推广手段，提升文创产品的市场影响力和竞争力。

（六）建立评价体系

评价体系是衡量文创产品设计质量的重要工具，通过制订科学的评价标准和方法，为文创产品的设计评价提供系统的指导。同时，通过用户体验与满意度调查，了解消费者对文创产品的反馈，评估产品设计质量和市场表现，提出改进建议，帮助设计师提升设计质量，推动文化创意产业的健康发展。

第三节 研究范围和重要性

一、研究范围

本研究的范围涵盖了文化创意产业的定义、特征、发展趋势，文化与设计的关系，文创产品设计的理论和实践，文创产品的市场分析，以及评价标准等多个方面。

二、研究的重要性

研究文创产品设计具有一定的学术价值和重要的现实意义。首先，文化创意产业作为国家战略性新兴产业，对经济转型升级和文化软实力的提升具有重要作用。文化创意产业不仅是经济发展的新动力，也是文化传承与创新的重要载体。通过研究文创产品设计，可以为文化创意产业的发展提供科学指导，促进产业的健康持续发展。其次，文创产品设计是文化传播的重要载体。通过文创产品设计，文化元素得以转化为具体的产品，传递文化价值，增强文化认同，促进文化交流。研究文创产品设计，有助于提升设计师的文化素养和创新能力，提高设计质量和市场竞争力。设计师在设计过程中运用文化元素，不仅可以提升产品的文化内涵和市场竞争力，还可以通过产品传播文化价值，增强消费者的文化认同感。再次，研究文创产品设计还具有推动设计学科发展的重要意义。通过对设计理论和实践的系统探讨，可以丰富设计学科的研究内容，推动设计教育的发展，提高设计人才的学术水平。文创产品设计作为一个跨学科的研究领域，其研究成果不仅可以为设计学科的发展提供新的视角和助力，还可以为设计教育的创新提供参考。最后，研究文创产品设计对企业发展也具有重要的现实意义。通过科学的设计指导和市场分析，可以帮助企业更好地开发和推广文创产品，提升企业竞争力，实现经济效益和社会效益的双赢。企业在开发文创产品时，通过运用科学的设计方法和市场策略，可以增强产品的市场竞争力，拓展市场空间，提升企业的经济效益。同时，通过设计和推广文创产品，企业还可以提升品牌价值，增强社会影响力，实现社会效益的最大化。

第二章　文化创意产业概述

第一节　文化创意产业的定义和范畴

一、文化创意产业的定义

文化创意产业是指以创意为核心，以文化资源为基础，通过现代科技手段和市场运作，将文化、艺术、设计等无形资产转化为具有经济价值的产品和服务的产业。它既包括传统的文化艺术产业，如影视、音乐、工艺品、出版等，也涵盖了新兴的数字媒体和设计等领域。文化创意产业的本质是通过创新和创意，实现文化与经济效益的双重目标。

文化创意产业的核心在于创意，即通过创新思维和创作活动，将文化资源转化为具有市场价值的产品和服务。创意不仅是文化创意产业的核心竞争力，也是其可持续发展的关键。文化创意产业的另一个重要特征是文化性，即其产品和服务承载着丰富的文化内涵，具有传播文化价值、提升文化认同的重要作用。文化创意产业不仅在经济层面上具有重要意义，还在文化传承和创新方面发挥着重要作用。

二、文化创意产业的主要范畴

（一）影视、音乐

1. 影视产业

影视产业是文化创意产业的核心组成部分之一，具有广泛的受众和巨大的市场潜力。影视产品包括电影、电视等，它们通过视听媒介传播，具有强烈的感染力。

电影作为影视产业的重要组成部分，以其丰富的表现形式和强大的情感冲击力，深受观众喜爱。电影制作包括剧本创作、现场拍摄、剪辑、特效制作等多个环节，每一个环节都需要高度专业化的技术支持和创意团队的协同合作。电影发行则涉及市场推广、票房预测、院线选择等，成功的电影发行策略是电影票房的重要保障。

电视剧和影视纪录片同样是影视产业的重要组成部分。电视剧通过连贯的故事情节和深入的人物刻画，吸引了大量的观众。影视纪录片则以真实的事件和人物为基础，通过真实的影像记录和深入的采访，揭示社会问题和人性，具有重要的社会价值和文化意义。

2. 音乐产业

音乐产业包括音乐创作、录制、发行和演出等多个环节，是文化创意产业的重要组成部分。音乐作为一种重要的艺术形式，通过声音的表现和情感的表达，具有强烈的感染力。

音乐创作是音乐产业的基础，音乐创作包括作词、作曲、编曲等，通过创意和艺术表达，创作出具有独特风格和情感的音乐作品。

音乐录制则是将创作的音乐作品转化为可传播的音频文件，这需要专业的录音设备和技术支持。

音乐发行是音乐产业的重要环节，通过唱片、数字音乐平台等渠道，将音乐作品推广。

音乐演出则是音乐传播的重要形式，通过现场演出，音乐作品能够通过歌手和乐手，直接与观众产生互动，激发观众的情感共鸣。

（二）工艺品、设计

1. 工艺品

工艺品是文化创意产业的重要组成部分，具有丰富的文化内涵和审美价值。工艺品包括传统手工艺品和现代艺术工艺品等，通过独特的工艺技术和艺术表现，展现深厚的文化底蕴和独特的艺术风格。

传统手工艺品是文化创意产业的重要代表，具有重要的文化传承和艺术价值。传统手工艺品包括陶瓷、刺绣、木雕、金属工艺等，这些工艺品是对传统工艺技术和文化符号的有效传承，具有独特的艺术风格和文化内涵。传统手工艺品不仅是艺术品，也是文化传承的重要载体。

现代艺术工艺品则通过现代工艺技术和创意设计,展现了当代文化和艺术风格。现代艺术工艺品包括雕塑、绘画、装置艺术等,通过创新的艺术表现和创意设计,展现了当代艺术家的创作才华和艺术理念。现代艺术工艺品不仅具有艺术价值,还具有重要的市场价值,通过艺术工艺品的销售和展览,使现代艺术得以传播和推广。

2. 设计

设计是文化创意产业的重要组成部分,涵盖了工业设计、平面设计、时尚设计等多个领域。设计通过创意和艺术表现,提升产品的附加值和市场竞争力,实现文化与商业的融合。

工业设计是设计的重要组成部分,通过创新的设计和工艺技术,提升产品的功能性和美学价值。工业设计包括产品设计、家具设计、交通工具设计等,通过设计提升产品的市场竞争力,实现文化与商业的融合。

平面设计则通过视觉传达和艺术表现,提升品牌形象和市场影响力。平面设计包括广告设计、包装设计、品牌设计等。

时尚设计是设计的重要组成部分,是当代时尚和文化潮流的风向标。时尚设计不仅是文化创意产业的重要组成部分,也是时尚文化的重要载体,通过时尚设计的传播和推广,时尚文化得以传播和弘扬。时尚设计包括服装设计、珠宝设计、配饰设计等。

(三)出版、数字媒体

1. 出版

出版是文化创意产业的重要组成部分,具有重要的知识传播和文化传承功能。出版产业包括图书、报刊等的编辑、印刷和发行,通过文字和图片的表现形式,实现知识传播和文化传承。

图书出版是出版产业的重要组成部分,通过图书的出版,传播知识和文化。图书出版物包括文学作品、学术著作、科普读物等,通过创意和艺术表现,实现知识传播和文化传承。图书发行则是图书出版的重要环节,通过图书的销售和推广,实现知识和文化的广泛传播。

报刊是出版产业的另一重要组成部分,通过文字和图片传播时事信息和文化内容。报刊具有传播速度快、覆盖范围广的特点,是文化传播的重要载体。通过

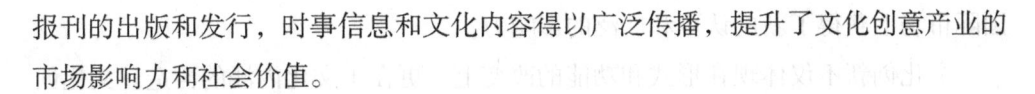

报刊的出版和发行，时事信息和文化内容得以广泛传播，提升了文化创意产业的市场影响力和社会价值。

2. 数字媒体

数字媒体是文化创意产业中快速发展的领域，通过互联网和移动设备传播文化和信息，具有传播速度快、覆盖范围广、互动性强的特点。数字媒体包括网络媒体、移动新媒体、社交媒体等，通过数字技术和创意设计，实现文化内容的表达和传播。

网络媒体通过互联网传播文化和信息。网络媒体包括新闻网站、视频网站、博客等，通过文字、图片和视频的表现形式，实现文化传播和信息共享。

移动新媒体通过移动设备传播文化和信息。移动新媒体包括手机媒体、平板电脑、移动视听设备等，通过移动设备的便携性和互动性，实现文化传播和信息共享。

社交媒体通过社交平台传播文化和信息。社交媒体包括QQ、微博、微信等，是人们彼此之间分享意见、见解、经验和观点的工具和平台。

第二节 文化创意产品的基本特征和分类

一、文化创意产品的基本特征

（一）文化性

文化创意产品的首要特征是其文化性，即产品和服务承载着丰富的文化内涵。文化性是文化创意产品区别于其他产品的核心竞争力，决定了其市场定位。

1. 文化传承与创新

文化创意产品作为文化的载体，通过创意和创新的手段赋予了文化现代化的表达方式。文化传承是文化创意产品的重要文化功能，它是对传统文化精髓的提炼和升华。现代设计和技术手段的引入，使传统工艺焕发出新的生机和活力。例如，我国的传统技艺——景泰蓝，在经过现代设计师的重新演绎后，融合了当代艺术的审美观念和技术手段，不仅在形式上更具吸引力，在功能上也更符合现代人的使用需求。这种创新不仅保留了传统工艺的历史价值和文化底蕴，更使其在国际市场上获得了新的认可和广泛的影响力。

文化创新不仅体现在形式和功能的改变上，更在于文化内涵的再造。文化创意产品通过新材料、新技术和新观念的引入，将传统文化元素与现代生活方式紧密结合，创造出具有时代特色的文化产品。例如，将传统的剪纸艺术与数字化技术相结合，变成了可以互动的数字剪纸，不仅保留了传统剪纸的艺术美感，还增加了互动性和趣味性，使传统文化更容易被年轻一代喜爱和接受。

2. 文化符号与象征意义

文化符号作为文化创意产品的重要组成部分，承载着深厚的文化内涵和情感价值。文化符号通过图案、文字、颜色等形式，传递出特定的文化信息和象征意义。例如，文创产品中经常出现的龙凤图案，具有浓厚的中华文化色彩，不仅美观大方，还象征着吉祥和尊贵，能够引发消费者的情感共鸣和文化认同。这些文化符号的运用，使文创产品在视觉上具有强烈的文化辨识度，更具吸引力。

文化符号的象征意义不仅在于表面的视觉效果，更在于其背后的文化故事和历史背景。文化创意产品通过对文化符号的深度挖掘和巧妙运用，增强了产品的文化内涵和市场竞争力。例如，丝绸之路元素在现代产品设计中的应用，不仅唤起了人们对历史上这一文化交流通道的记忆，还通过现代设计手法赋予其新的时代意义，使产品具有更广泛的传播和文化影响力。

3. 文化体验与互动

文创产品不仅是物质载体，更是文化体验和互动的媒介。通过巧妙的设计和创意，文创产品能够提供独特的文化体验，增强消费者的参与感和体验感。例如，博物馆文创产品的设计，往往会融入博物馆馆藏文物的历史和文化背景，通过互动设计让消费者在使用产品的同时，了解博物馆馆藏文物的历史和文化故事，增强文化体验的深度和广度。

文化体验不仅限于文化产品的使用，还包括文化活动的参与和文化故事的传递。文化创意产品通过各种形式的互动设计，如AR（增强现实）技术的应用，让消费者在沉浸式体验中感受文化的魅力。例如，北京故宫博物院推出的AR产品，通过手机应用让消费者能够在现实环境中看到故宫的历史场景和人物，沉浸式体验历史文化，增加了文化传播的趣味性和互动性，使文化体验更加生动和立体。

文创产品的文化性，通过对文化传承与创新、文化符号与象征意义、文化体验与互动的深入挖掘和巧妙运用，构建了其独特的文化价值，提升了其市场竞争力。通过不断探索和创新，文化创意产品不仅承载着丰富的文化内涵，还成为文化传播和交流的重要媒介，为消费者提供了丰富的文化体验，引发了情感共鸣。

（二）创意性

创意性是文创产品的另一个重要特征。文创产品通过创新思维和创作活动，将文化资源转化为具有市场价值的产品和服务。创意性不仅体现在产品的外观设计和功能创新上，还体现在其文化表达和故事情节中。

1. 设计创新

文创产品在设计上强调创新，通过独特的设计风格和创意表达，提升产品的吸引力和市场竞争力。设计创新不仅体现在产品的外观设计上，更包括功能设计、材料选择和工艺创新等多个方面。例如，近年来，利用3D打印技术制作的文创产品，凭借其精细的细节处理和复杂的结构设计，受到了广泛的关注和喜爱。这种技术不仅使设计师能够实现更加复杂和精美的设计，还大幅缩短了产品的生产周期和成本，为文创产品的快速迭代和市场推广提供了有力支持。此外，设计创新还体现在产品的多功能性上。现代消费者追求个性化和多样化的产品体验，因此，文创产品在设计时常常注重功能的多样性和实用性。例如，一款具有传统图案的手工艺品，如果能够同时具备现代生活所需的实用功能，如收纳、照明等，将会大大增加其市场吸引力和竞争力。这种设计上的创新不仅满足了消费者的实际需求，还通过功能与美学的结合，提升了产品的整体价值和文化内涵。

2. 文化创意表达

文创产品通过独特的创意表达，赋予产品丰富的文化内涵和故事情节。创意表达不仅包括视觉效果，还包括声音、触觉等多感官体验，从而形成一种全方位的文化传播方式。例如，音乐盒作为一种传统的文创产品，通过音乐和故事的结合，塑造独特的氛围，传递特定的文化情感。现代音乐盒不仅在外观设计上有了很大的改进，还引入了新的音乐元素和故事情节，使其不仅是一个播放音乐的设备，更成为一个讲述故事、传递情感的文化载体。此外，文化创意表达还体现在产品的情感连接上。消费者在使用文创产品时，往往能够感受到其中所蕴含的文化故事，获得情感共鸣。例如，手工制作的皮影戏玩具，通过精美的设计和细腻的工艺，传递了中国传统戏剧的独特魅力和文化内涵。消费者在使用这些产品的过程中，不仅能够感受到其艺术美感，还能够通过产品了解和体验到其背后的文化故事和历史背景，从而形成深刻的文化记忆和情感连接。

3. 跨界融合

文创产品通过跨界融合，打破传统文化和现代设计的界限，实现文化与科技、艺术、商业的融合发展。跨界融合不仅丰富了文创产品的表现形式，还拓展了其应用场景和市场空间。例如，VR（虚拟现实）技术在文化创意产品中的应用，通过虚拟场景和互动体验，带给消费者全新的文化体验。VR技术可以将历史遗迹、文化故事等以全新的方式呈现在消费者面前，使他们能够身临其境地感受到文化的魅力。

跨界融合不仅体现在文化与科技的结合上，还包括艺术与商业的互动。例如，现代艺术家与企业合作，共同开发具有艺术价值和商业潜力的文创产品。这种合作模式不仅为艺术家提供了展示其创意和才华的平台，也为企业带来了独特的产品设计，提升了企业的市场竞争力。例如，知名艺术家设计的限量版产品，不仅具有很高的艺术价值，还具有很强的市场吸引力和收藏价值，能够为企业带来巨大的经济收益。这种跨界合作的模式，不仅丰富了文创产品的内涵，还为文化创意产业的发展开辟了新的路径。

（三）市场性

文创产品还具有市场性，即其产品和服务具有明确的市场需求和商业价值。市场性是文创产品实现经济效益的重要保障，决定了其市场推广和商业运作的成功与否。

1. 市场需求导向

文创产品的市场需求导向，通过深入的市场调研和消费者分析，确保其产品设计和开发紧密贴合市场需求和消费者偏好。市场调研不仅包括对消费者行为的分析，还包括对市场趋势和竞争对手的研究。这些数据和信息为产品的设计和开发提供了科学依据，确保文创产品能够迅速适应市场变化，并满足消费者的多样化需求。例如，在创意家居用品和文化旅游纪念品的开发过程中，通过对目标市场的深入了解，设计师能够创作出既有文化内涵又具实用性的产品，这类产品不仅满足了消费者对个性化和独特性的追求，还提升了其市场竞争力。

市场需求导向还体现在产品的不断优化和迭代中。通过持续的市场反馈和用户体验调查，企业可以及时调整产品设计和功能，确保产品始终符合市场需求。这样不仅提高了产品的市场适应性，还增强了消费者的品牌忠诚度和满意度。例如，某些文化创意企业会定期推出限量版或季节性产品，通过不断创新和改进，吸引消费者持续关注和购买。

2. 品牌价值提升

文创产品通过系统的品牌建设和市场推广，提升品牌价值和市场影响力。品牌建设不仅是产品质量和设计的体现，更是品牌文化和市场口碑的综合表现。一个成功的文创品牌，往往具有深厚的文化底蕴和独特的品牌故事，这些元素能够增强消费者的情感共鸣和文化认同。例如，迪士尼凭借其丰富的品牌故事和经典的文化符号，成功打造了一个全球知名的文化创意品牌，具有极高的市场影响力和商业价值。迪士尼的品牌建设不仅体现在其高质量的电影和主题公园上，还包括其对品牌文化的深度挖掘和宣传，使品牌在全球范围内广受欢迎和认可。

品牌价值提升还需要通过有效的市场推广策略实现。文化创意企业可以通过多渠道、多形式的宣传活动，提升品牌知名度和美誉度。例如，通过社交媒体、广告、活动策划等方式，企业可以将品牌故事和产品信息传递给更广泛的消费者群体，增强品牌的市场影响力和消费者忠诚度。同时，企业还可以通过与其他品牌的合作，扩大品牌的影响范围和市场份额，实现品牌价值的最大化。

3. 商业模式创新

文创产品的商业模式创新是其市场推广和商业运作成功的关键。创新的商业模式不仅包括产品的销售渠道和营销策略，还涉及文化创意产业链的整合和资源的高效利用。一个成功的商业模式，能够将文化创意产品的市场潜力转化为实际的经济效益，并为企业的发展提供持续的动力。例如，通过电商平台和社交媒体，文化创意企业能够实现产品的线上销售和市场推广，大幅提升产品的市场覆盖面和销售量。这种销售模式不仅打破了传统销售渠道的限制，还通过精准的市场定位和个性化的营销策略，吸引了大量的目标消费者。此外，文创产品的商业模式创新还包括产业链的整合和资源的高效利用。通过整合设计、生产、销售等环节，企业能够提高产品的生产效率，降低成本，提升竞争力。例如，某些文化创意企业通过与设计师、工艺师和营销团队的紧密合作，形成了一条高效的产业链，不仅确保了产品的高质量和创新性，还实现了资源的最大化利用和效益的最大化。

二、文创产品的分类

文创产品根据其文化属性和创意形式，可以分为以下几类：传统文化产品、现代文化产品和数字文化产品。

（一）传统文化产品

传统文化产品包括传统手工艺品、传统艺术作品等，这些产品具有深厚的文化底蕴和独特的艺术价值。传统文化产品通过继承和创新传统工艺和艺术形式，实现文化传承和创新发展。

1. 传统手工艺品

传统手工艺品，如陶瓷、刺绣、剪纸、木雕等，承载着数千年的历史和丰富的文化内涵，是传统文化的重要载体。这些手工艺品通过代代相传的技艺，展现了匠人的智慧和创造力，同时也保留了传统文化的精髓。

中国的陶瓷工艺历史悠久，种类繁多，技艺精湛。从秦汉时期的陶器，到隋唐时期的白瓷，到宋元时期的青花瓷，再到明清时期的五彩瓷，每一种陶瓷工艺都体现了不同时期的文化特征和审美观念。现代陶瓷艺术家在继承传统工艺的基础上，融入了现代设计理念和技术，创造出了具有时代特色的陶瓷作品，这些作品不仅保留了传统陶瓷的艺术价值，还满足了现代的审美特征。

刺绣作为另一种传统手工艺品，也具有深厚的文化底蕴和高超的技艺。中国刺绣种类繁多，如苏绣、湘绣、蜀绣、粤绣等，各具特色。刺绣作品通过丝线的色彩和针法的变化，形成了丰富的图案和细腻的质感。现代刺绣艺术家在继承传统刺绣技艺的同时，探索新的表现形式和技法，使刺绣艺术在现代生活中焕发出新的生命力。例如，将刺绣技艺与时尚设计结合，创作出既有传统文化内涵又符合现代审美的服装和饰品，受到了广泛的欢迎和喜爱。

2. 传统艺术作品

传统艺术作品包括书法、中国画、戏剧、传统音乐等，通过艺术创作和表演，传递传统文化和艺术精神。

书法作为中华文化的瑰宝，不仅具有极高的艺术价值，还承载了丰富的文化内涵。每一个汉字的书写，都是对历史和文化的追溯和再现。书法作品通过不同的字体和风格，展现了书法家独特的艺术风格和个性。现代书法艺术家在继承传统书法技艺的基础上，融入了个人的创新和表达，使书法艺术在现代社会中继续发扬光大。

中国画作为另一种传统艺术形式，也具有重要的文化和艺术价值。中国画讲究笔墨的运用和意境的表达，从工笔画到写意画，每一种表现形式都展现了画家的创造力和对自然的感悟。现代画家在继承传统绘画技艺的同时，探索新的艺术表现形式，例如，将传统的水墨技法与现代的抽象表现结合，创作出具有强烈视觉冲击力的艺术作品，丰富了传统绘画的表现手法和艺术内涵。

戏剧和传统音乐作为表演艺术，通过舞台表演和音乐演奏，传递了丰富的文化信息和艺术情感。例如，京剧作为中国传统戏曲艺术的代表，通过独特的表演形式和音乐节奏，展现了中华民族的文化精神和艺术精髓。艺术家在继承传统技艺的同时，尝试将现代元素融入传统戏曲和音乐中，创造出既有传统韵味又符合现代观众审美的艺术作品，使传统艺术在现代社会得以继续传承和发展。

3. 文化纪念品

文化纪念品如文物复制品、历史名胜纪念品等，通过创意设计和文化表达，传播历史文化和地方文化。文化纪念品不仅具有收藏价值，还具有文化教育和旅游纪念的功能。例如，北京故宫博物院的文创产品，通过对故宫文物的复制和创意设计，将中华文化的精髓传递给更多的人。故宫文创产品不仅在设计上保留了文物的历史原貌，还通过现代技术和创意，赋予文物新的生命力，创作出具有文化价值的纪念品，并被市场认可。

文化纪念品的设计和开发，需要深入挖掘文化资源和历史背景，通过创意和创新，将传统文化元素与现代设计理念相结合，创造出具有独特文化内涵和市场价值的产品。例如，以长城为主题的文化纪念品，通过对长城历史和文化的深入研究，将长城的元素融入产品设计中，如长城造型的摆件、长城图案的装饰品等，不仅具有很高的观赏价值，还能让游客在购买纪念品的同时，了解长城的历史和文化背景，获得文化体验感和独特的纪念意义。

（二）现代文化产品

现代文化产品包括现代艺术品、时尚产品、工业产品等，这些产品通过现代创意设计和艺术表现，展现当代文化和审美追求。

1. 现代艺术品

现代艺术品如现代绘画、雕塑、装置艺术等，通过多样的艺术表现形式，反映当代社会的文化和价值观。现代艺术强调创意和创新,通过独特的艺术语言和表达方式,展现艺术家的创作理念和文化思考。

现代绘画不仅在题材和内容上突破了传统绘画的限制,还在技法和材料上不断创新,形成了丰富多彩的艺术风格。抽象绘画、超现实主义绘画、行为艺术等,都是现代绘画的重要表现形式,这些作品通过色彩、线条、造型的独特组合,表达了艺术家对社会、自然、人生的独特见解和深刻思考。

现代雕塑作为城市公共艺术的重要组成部分,不仅具有很高的艺术价值,还具有重要的社会影响。现代雕塑作品通过创意设计和材料创新,打破了传统雕塑的表现形式和技法,使雕塑艺术更加多样化和现代化。例如,利用不锈钢、玻璃、电子元件等现代材料制作的雕塑作品,不仅在视觉上给人以强烈的冲击力,还通过互动设计增强了观众的参与感和体验感。这些现代雕塑作品不仅美化了城市环境,还成为城市文化的重要标志和象征。

装置艺术作为现代艺术的重要分支,通过对空间、材料、光影等元素的综合运用,创造出具有独特艺术效果的空间装置。这些作品不仅在视觉上具有很强的表现力,还通过与观众的互动,传递出深刻的文化和社会信息。例如,艺术家通过对废旧物品的再利用,创作出体现环保主题的装置艺术作品,呼吁人们关注环境保护和可持续发展,这种艺术形式不仅具有很高的艺术价值,还具有重要的社会意义。

2. 时尚产品

时尚产品如服装、珠宝、家居产品等,通过创意和设计表达,引领时尚潮流和人们的生活方式。时尚产品设计不仅是对美学的追求,还体现了对文化、社会和经济的深刻理解和回应。

设计师通过对服装款式和面料的不断创新,以及对文化元素的巧妙运用,创造出具有独特风格和文化内涵的时尚服饰。现代服装设计师通过将传统服饰文化和现代设计理念的融合,创造出既具有传统韵味又符合现代审美的服装作品,这些作品不仅在国际时装舞台上获得了广泛的认可和赞誉,还成为引领时尚潮流的重要力量。

珠宝作为时尚产品的重要组成部分,设计师通过对贵金属和宝石的巧妙运用,创造出精美绝伦的珠宝首饰。现代珠宝设计不仅注重款式的创新,还强调设计的文化内涵和情感表达。例如,通过对民族图腾和自然元素的运用,设计出具

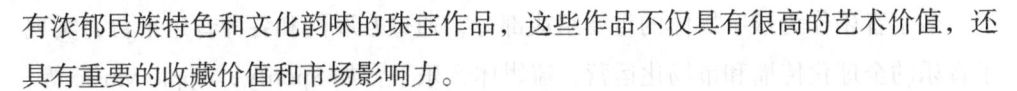

有浓郁民族特色和文化韵味的珠宝作品,这些作品不仅具有很高的艺术价值,还具有重要的收藏价值和市场影响力。

家居产品作为时尚产品的重要组成部分,设计师通过对空间、材质、色彩的综合运用,创造出具有美学价值和实用功能的家居产品。现代家居设计不仅关注产品的外观设计,还注重功能性和舒适性的结合。例如,现代家居设计师通过对人体工学和环境心理学的研究,设计出既美观又舒适的家居产品,这些产品不仅提升了人们的生活品质,还引领了现代生活方式和消费趋势。

3. 工业产品

工业产品作为现代文化产品的重要组成部分,设计师通过创新设计和技术应用,创造出具有高附加值和市场竞争力的工业产品。工业产品的设计不仅关注产品的外观和功能,还注重产品的人机交互和用户体验。例如,智能手机、平板电脑等现代电子产品,通过精美的外观设计和人性化的操作界面,极大地提升了用户的使用体验和满意度。这些产品不仅具有很高的市场需求,还引领了现代科技和生活方式的发展趋势。

现代汽车产品作为工业产品的重要分支,设计师通过对造型、动力、环保等多方面的综合考虑,设计出既具有美学价值又符合现代科技要求的汽车产品。例如,新能源汽车的设计不仅在外观上具有未来感和科技感,还在动力系统和环保性能上取得了很大的创新和突破。这些设计不仅提升了汽车产品的市场竞争力,还推动了汽车工业的技术进步和可持续发展。

(三)数字文化产品

数字文化产品包括数字媒体产品、网络文化产品、VR 和 AR 产品等,这些产品通过数字技术和创意设计,实现文化表达和传播。数字文化产品具有传播速度快、覆盖范围广、互动性强等特点,是文化创意产业中发展最快的领域之一。

1. 数字媒体产品

数字媒体产品如数字出版、数字音乐、数字视频等,通过互联网和数字技术,实现了文化内容的创作、传播和消费。数字媒体改变了传统的文化传播方式,使文化创意产品能够迅速、广泛地传播到全球各地。例如,数字出版通过电子书、在线期刊等形式,使读者能够方便快捷地获取海量的文化内容,不受地域和时间的限制。这种形式不仅降低了出版成本,还提高了出版效率,极大地拓展了文化创意产业的市场空间。

数字音乐作为数字媒体的重要组成部分，通过互联网和各种音乐平台，实现了音乐的全球化传播和市场化运营。流媒体音乐平台如 Spotify、Apple Music 等，通过订阅服务和个性化推荐，满足了用户的多样化需求，改变了人们的音乐消费习惯。这些平台不仅为音乐创作者提供了更广阔的展示舞台，还通过数据分析和用户反馈，帮助音乐创作者更好地了解市场需求和用户偏好，推动了音乐产业的创新性发展。

数字视频也在数字媒体中占据重要地位。通过视频网站和社交媒体平台，用户可以随时随地观看各种视频内容，包括电影、电视剧、短视频等。数字视频的迅猛发展，不仅改变了传统影视产业的运营模式，还催生了大量的新兴文化创意企业和自媒体创作者。例如，YouTube 作为全球最大的在线视频平台，拥有广泛的用户群体，汇聚了大量的创意内容，极大地丰富了文化产品的种类和形式，推动了文化传播和消费的数字化转型。

2. 网络文化产品

网络文化产品如网络文学、网络游戏等，通过互联网平台和数字技术，提供多样化的文化内容和互动体验。网络文化产品的最大特点在于其高度的互动性和参与性，这使用户不仅是文化内容的消费者，也成为文化内容的创造者和传播者。

网络文学平台如"起点中文网"，通过开放的创作平台，吸引了大量的业余甚或专业作家来此进行创作。而读者可以通过评论、打赏、投票等方式参与到文学作品的创作和推广过程中，极大地增强了用户的参与感和互动性。

网络游戏作为网络文化产品的另一重要类型，通过虚拟世界和互动体验，为玩家提供了丰富的娱乐和文化内容。网络游戏不仅具有高度的互动性，还通过精美的画面、复杂的剧情和丰富的社交功能，吸引了大量的玩家。例如，RPG（角色扮演游戏）通过精心设计的虚拟世界和角色，让玩家在游戏中体验不同的文化背景和故事情节，极大地增强了游戏的沉浸感和文化传播效果。此外，电子竞技作为一种新兴的网络文化现象，通过全球范围内的比赛和直播，吸引了大量的参与者和观众，推动了文化创意产业的跨界融合和创新发展。

3. VR 和 AR 产品

VR 和 AR 产品通过先进的虚拟技术和创意设计，为用户提供沉浸式的文化体验和互动方式。

VR产品通过虚拟场景和互动体验，让用户能够身临其境地感受文化内容，极大地提升了用户的体验感和参与度。例如，博物馆通过VR技术，让用户可以在线上参观博物馆的展览，突破了时间和空间的限制。这种创新的展示方式不仅提高了文化传播的效率，还吸引了更多的用户参与到文化体验中，具有很高的市场潜力和发展前景。

AR产品则通过将虚拟信息叠加到现实世界中，为用户提供了一种全新的互动体验。例如，AR应用程序可以将历史建筑的虚拟模型叠加在真实场景中，让用户通过手机或AR眼镜，看到建筑的历史变迁和文化背景。这种互动方式不仅增强了文化产品的趣味性和教育性，还通过技术手段丰富了文化传播的形式和内容。

VR和AR技术在文化创意产业中的应用，不仅推动了文化产品的创新性发展，还为文化体验和传播开辟了新的路径。通过不断的技术进步和创意设计，数字文化产品在现代社会中发挥着越来越重要的作用，成为文化创意产业中最具活力和潜力的领域之一。

第三节　文化创意产业的发展趋势和重要性

一、文化创意产业的发展趋势

（一）全球化趋势

全球化是文化创意产业发展的重要趋势之一。随着全球经济一体化的不断加速，文创产品和服务也在全球范围内迅速扩展。全球化趋势不仅为文化创意产业带来了广阔的市场和机遇，也提出了新的挑战：如何在跨文化背景下实现创意的有效传播和不同文化的理解与融合。

1. 市场拓展与文化交流

文创产品通过国际市场的推广和销售，实现了文化交流和传播的全球化。许多国家和地区通过文创产品，将本土文化推向全球市场。日本的动漫产业便是一个典型例子。日本动漫不仅在国内拥有庞大的受众群体，还通过电视、电影、漫画等多种形式向全球传播，成为日本文化的重要象征之一。像《龙珠》《火影忍者》和《海贼王》这些作品，不仅在全球范围内拥有大量粉丝，还带动了周边产品的销售，极大地促进了日本经济的发展。

K-pop（韩国流行音乐）也是文化创意产品全球化的成功案例。以BTS（防弹少年团）为代表的K-pop组合，通过精心制作的音乐视频、充满活力的舞蹈表演和强大的社交媒体运营，迅速在全球范围内走红。K-pop不仅带动了韩国音乐产业的发展，还促进了韩国文化的全球传播和认同，成为韩国文化软实力的重要组成部分。

此外，文化创意产品的全球化传播还促进了全球文化的交流与融合。不同国家和地区的文化创意产品通过国际市场的推广，向世界各地的消费者传递了丰富多样的文化信息。例如，法国的时尚产品、意大利的豪车产业、印度的宝莱坞电影等，都通过国际市场的传播，向全球观众展示了本国独特的文化魅力和艺术价值。这种文化交流不仅丰富了全球文化的多样性，还促进了不同文化之间的理解与融合。

2. 跨文化创意与融合

全球化趋势下，文化创意产业面临着跨文化创意的挑战。不同文化背景下的消费者对文化产品的需求和偏好各异，如何在全球市场中实现跨文化创意，成为文化创意产业的重要课题。跨文化创意要求企业在尊重和理解不同文化的基础上，进行创新和融合，创造出既具有本土特色又能被全球市场接受的文化产品。

迪士尼在全球各地的乐园设计中，成功实现了跨文化创意的融合。迪士尼公司不仅在美国本土开设了主题乐园，还在全球多个国家和地区开设了主题乐园，如巴黎迪士尼乐园、东京迪士尼乐园、上海迪士尼乐园等，受到了全球各国人民的欢迎和喜爱。这些乐园在设计时，既保留了迪士尼品牌的核心元素，如经典的卡通人物和童话故事，又融入了当地的文化特色。例如，上海迪士尼乐园中的"十二朋友园"将中国十二生肖与迪士尼卡通人物结合起来，既展示了中国传统文化，又符合迪士尼乐园的整体风格，获得了跨文化创意的成功。

跨文化创意不仅体现在产品设计上，还包括市场营销策略的调整。文化创意企业在进入国际市场时，需要充分了解和尊重当地的文化习俗和消费者偏好。例如，Netflix（美国奈飞公司）在向全球推广其流媒体服务时，通过与各国本土制作公司合作，推出了许多具有本地特色的影视作品，如西班牙的《纸钞屋》、韩国的《王国》等。这些作品不仅在当地市场取得了巨大成功，还通过Netflix的平台向全球观众传播，促进了文化的跨界融合和交流。

3. 全球化带来的机遇与挑战

全球化为文化创意产业带来了新的市场机会，但也带来了竞争的加剧、文化的同质化等挑战。文化创意企业需要在全球市场中不断创新，提升产品和服务的竞争力。

全球化为文化创意产业提供了更广阔的市场和更多的合作机会。通过参与国际展览、电影节、音乐节等活动，文化创意企业可以向全球观众展示其最新的产品和创意，扩大品牌影响力。例如，戛纳国际电影节、威尼斯国际电影节等国际电影节，不仅是展示优秀电影作品的平台，也是文化创意产业寻求国际合作和市场拓展的重要机会。通过这些平台，电影制作公司可以与国际发行商、投资者建立联系，推动影片在全球市场的发行和推广。

然而，全球化也带来了激烈的市场竞争。文化创意企业需要面对来自全球各地的竞争对手，如何在激烈的市场竞争中脱颖而出，成为企业必须面对的挑战。例如，音乐产业中，全球范围内的音乐人和唱片公司都在争夺有限的市场资源，如何通过创新和差异化策略吸引更多的听众和粉丝，成为音乐产业的重要课题。此外，全球化还带来了文化同质化的风险。随着文创产品的全球传播，一些具有本土特色的文化元素可能会被全球化的潮流所淹没，导致文化同质化问题的出现。文化创意企业在进行全球化推广时，需要注意保持和发扬本土文化的独特性，通过创意设计和文化表达，增强文化产品的差异化和独特性。例如，通过现代设计和技术，使手工艺品、民间艺术等传统文化形式，焕发出新的活力和魅力，既保留了传统文化的精髓，又符合现代市场的需求。

为了应对全球化带来的机遇和挑战，文化创意企业需要不断提升自身的创新能力和跨文化理解与沟通的能力。通过持续的市场调研和消费者分析，了解不同文化背景下的消费者需求和偏好，开发出具有文化内涵和市场竞争力的产品和服务。同时，企业还需要加强与国际市场的交流与合作，积极参与国际文化交流活动，推动文化创意产业的全球化发展。

（二）信息化趋势

信息化是文化创意产业发展的另一重要趋势。信息技术的飞速发展为文化创意产业提供了新的创意工具和传播平台，极大地丰富了文创产品的表现形式和用户的互动体验。

1. 数字技术的应用

数字技术的发展极大地推动了文化创意产业的创新性发展。VR、AR、AI（人工智能）等新兴技术的应用，使文创产品的表现形式更加多样化，并具有互动性。

（1）VR技术的应用

VR技术通过创建沉浸式的虚拟环境，让用户可以身临其境地体验文化的魅力。例如，博物馆和展览馆广泛应用VR技术，让观众通过VR技术"参观"世界各地的博物馆和展览，不受时间和空间的限制，极大地提升了文化产品的吸引力和体验感。此外，VR技术还被应用于教育领域，通过虚拟实验室和虚拟课堂，为学生提供生动的学习体验，促进了教育的创新性发展。

（2）AR技术的应用

AR技术通过将虚拟信息叠加到现实世界中，提供了一种全新的互动体验。AR技术在教育、医疗、娱乐、零售等多个领域展现了广泛的应用前景。在教育领域，AR技术可以通过三维模型和互动体验，增强学生对复杂概念的理解；在医疗领域，AR技术可以辅助外科手术，为医生提供精确的导航和病人的实时数据，提高手术的成功率和安全性；在娱乐领域，AR游戏和应用为用户带来沉浸式的互动体验，丰富了娱乐方式；在零售领域，AR技术通过虚拟试衣、试妆等功能，提升了消费者的购物体验。随着硬件技术的发展和软件生态的完善，AR技术将进一步融入人们的日常生活，改变人们的工作和娱乐方式，推动各行业的创新性发展。

（3）AI技术的应用

AI技术在文化创意产业中的应用也越来越广泛。通过AI技术分析用户的兴趣和偏好，文化创意企业可以为用户提供更加个性化的推荐服务，提升用户体验和满意度。此外，AI技术还被用于文化产品的创作和生产，通过机器学习算法生成音乐、绘画和文学作品，极大地拓展了创作的可能性和创新空间。例如，AI作曲软件可以根据用户输入的旋律和风格要求，自动生成符合要求的音乐作品，为音乐创作提供新的工具和灵感来源。

2. 信息化带来的市场变革

信息化不仅改变了文化创意产品的制作和传播方式，还带来了市场结构的变化。数字媒体平台如YouTube、Spotify、Netflix等，成为文创产品的重要传播渠道。

（1）数字媒体平台的崛起

数字媒体平台通过互联网和移动设备，极大地提升了文创产品的传播效率和市场覆盖面。例如，YouTube 作为全球最大的在线视频平台，为创作者提供了展示才华和与用户互动的平台。通过个性化推荐算法，YouTube 能够根据用户的观看历史和兴趣偏好，推送相关内容，提升用户的观看体验和对平台的黏性。类似的，Spotify 通过个性化音乐推荐和社交分享功能，吸引了大量用户，成为全球领先的音乐流媒体平台。

（2）市场结构的变化

信息化带来的另一个重要变化是文化创意产业的市场结构转变。传统的文创产品往往依赖于实体渠道进行销售和传播，而数字媒体平台的兴起使文创产品可以通过互联网直接面向全球消费者。这不仅降低了文创产品的传播成本，还打破了地域和时间的限制，扩大了市场的规模和潜力。例如，独立音乐人和电影制作人可以通过数字平台直接向全球用户发布作品，不再受限于传统的唱片公司和电影发行商。

（3）用户体验的提升

信息化还带来了用户体验的提升。通过数据分析和用户反馈，数字媒体平台可以不断优化产品和服务，提升用户的满意度。例如，Netflix 通过数据分析了解用户的观看习惯和偏好，推出了个性化的推荐服务和原创内容，极大地提升了用户的观看体验和平台的竞争力。此外，社交媒体的兴起使用户可以方便地分享和讨论文化创意产品，增强了文化产品的传播效果和用户的参与感。

3. 信息技术对创意产业的推动

信息技术不仅为文创产品提供了新的创作工具，还促进了文化创意产业的协同创新和资源整合。

（1）创作工具的创新

信息技术的发展为文创产品提供了丰富的创作工具。例如，数字绘画软件、音乐制作软件、影视剪辑软件等，使创作者可以更加方便地进行创作，提升了创作效率和作品质量。VR 和 AR 技术的应用，使创作者可以在虚拟环境中进行创作，拓展了创作的空间和可能性。例如，VR 绘画工具 Tilt Brush（VR 的绘图应用），让艺术家可以在三维空间中创作立体画作，创造出传统绘画无法实现的艺术效果。

（2）协同创新与资源整合

信息技术还促进了创意产业的协同创新和资源整合。通过云计算和大数据，文化创意企业可以进行跨地域和跨行业的协同合作，实现资源的高效利用和创新能力的提升。例如，云计算使创作者可以在云端进行协同创作和资源共享，提升了创作效率和团队合作的效果。大数据则可以帮助企业进行市场分析和用户研究，提升产品开发的精准度和市场响应速度。

（3）产业链的整合与协同

信息技术还促进了文化创意产业链的整合与协同。通过信息技术的应用，文化创意企业可以实现从创作、制作、传播到销售的全流程管理和协同。例如，数字版权管理系统通过区块链技术，确保文化创意产品的版权保护和利益分配，实现了产业链的透明化和高效化。此外，信息技术还促进了文化创意产业与其他产业的融合与协同发展，如文化创意产业与旅游产业、教育产业的融合，创造出新的市场机会和产业增长点。

（三）多样化趋势

多样化是文化创意产业发展的重要特征。文化创意产业涵盖了广泛的领域和形式，从传统艺术到现代设计，从影视音乐到数字媒体，文创产品的形式和内容呈现出多样化的发展态势。

1. 文创产品的多样化

文化创意产业的多样化首先体现在产品和服务形式的多样化。从传统手工艺品、绘画、戏剧等传统文化形式，到数字音乐、网络文学、数字游戏等现代文化形式，文创产品的种类和内容日益丰富。

（1）传统文化形式

传统文化形式包括传统手工艺品、传统绘画、戏剧等，这些形式承载了深厚的文化底蕴和历史价值。例如，中国的剪纸、瓷器、刺绣等手工艺品，通过精湛的技艺和丰富的文化内涵，展现了中华优秀传统文化的独特魅力。又如京剧、昆曲等，通过精美的服饰、独特的表演形式和深刻的文化内涵，成为中华优秀传统文化的重要组成部分。这些传统文化形式不仅保留了传统文化的精髓，还通过现代创意设计，焕发出新的生命力。

(2) 现代文化形式

现代文化形式包括数字音乐、网络文学、数字游戏等，这些形式通过信息技术和创意设计，丰富了文创产品的表现形式和互动体验。例如，数字音乐通过流媒体平台，如 Spotify、Apple Music 等，实现了音乐的全球传播和市场化运营。网络文学通过互联网平台，如起点中文网，吸引了大量读者和创作者，形成了庞大的网络文学市场。数字游戏不仅具有娱乐功能，还通过互动设计和故事情节，传递了丰富的文化信息和价值观。例如，RPG 通过精心设计的虚拟世界和复杂的剧情，让玩家在游戏中体验不同的文化背景和故事情节，增强了游戏的沉浸感和文化传播效果。RTS(即时战略游戏)通过历史背景和策略设计，让玩家在游戏中了解历史事件和文化背景，提升了游戏的教育功能和文化价值。

2.消费需求的多样化

消费者的文化需求日益多样化，对文创产品的期望和要求也更加多元。不同年龄、性别、职业和文化背景的消费者，对文创产品有着不同的偏好和消费需求。

（1）年龄和性别差异

不同年龄和性别的消费者对文创产品有着不同的偏好。例如，年轻一代的消费者更倾向于数字音乐、网络文学和数字游戏等现代文化形式，他们追求个性化和互动性较强的文化体验。而老年消费者则更偏好传统文化形式，如戏剧、书法、传统绘画等，他们更注重文化产品的历史价值和文化内涵。文化创意企业需要通过市场调研和消费者分析，精准把握不同年龄和性别消费者的需求，开发出符合其偏好的文创产品。

（2）职业和文化背景差异

不同职业和文化背景的消费者对文创产品的需求也有所不同。例如，教育工作者和学生更倾向于具有教育功能和文化内涵的文创产品，如教育类游戏、文化课程等；而企业职员和管理者则更偏好具有商业价值和品牌文化的文创产品，如商务礼品、品牌文化活动等。文化创意企业需要通过市场细分，开发出符合不同职业和文化背景消费者需求的文创产品，以满足多样化的市场需求。

（3）个性化和定制化需求

随着消费者对个性化和定制化需求的增加，文化创意企业需要提供更加个性化和定制化的产品和服务。例如，通过定制化的文化产品，如定制的刺绣、绘画作品等，满足消费者的个性化需求；通过互动设计和参与式创作，如网络文学平台与读者互动和创作参与，提升读者的参与感和满意度。文化创意企业通过个性化和定制化服务，不仅提升了产品的附加值，还增强了消费者的忠诚度和品牌认同。

3. 创意产业的融合发展

多样化趋势还表现在创意产业的融合发展上。文化创意产业与其他产业的融合，不仅拓展了文创产品的应用场景，还创造了新的市场机会。

（1）文化创意产业与旅游产业的融合

文化创意产业与旅游产业的融合，形成了如文化遗产地的文创产品和主题公园等。文化旅游产品通过创意设计和文化表达，提升了旅游目的地的吸引力和市场竞争力。例如，北京故宫博物院的文创产品通过对故宫文化元素的创新设计，吸引了大量游客和文化爱好者，提升了故宫的文化影响力和经济效益。而迪士尼乐园等主题公园，通过创意设计和文化体验，吸引了全球各地的游客，成为文化旅游的重要组成部分。

（2）文化创意产业与教育产业的融合

文化创意产业与教育产业的融合，推动了文化创意教育的发展。如创意工作坊、艺术培训等，通过创意设计和互动体验，提升了教育的趣味性和吸引力。创意工作坊通过手工制作、艺术创作等活动，培养学生的创意思维和动手能力，提升教育的实际效果和学生的参与度。而绘画、音乐、舞蹈等艺术培训，通过专业的培训和具有创意的教学方法，培养了大量的艺术人才，提升了文化创意产业的人才储备和创新能力。

（3）文化创意产业与科技产业的融合

文化创意产业与科技产业的融合，推动了文创产品的技术创新和市场拓展。例如，VR和AR技术在文创产品中的应用，通过沉浸式体验和互动设计，提升了文创产品的吸引力和市场竞争力。数字音乐、网络文学等通过互联网和数字平台，实现了全球传播和市场化运营，极大地拓展了文创产品的市场空间和影响力。文化创意产业与科技产业的融合，不仅提升了文创产品的科技含量和创新能力，还推动了文化创意产业的可持续发展。

二、文化创意产业的重要性

（一）经济价值

文化创意产业具有重要的经济价值。作为新兴产业，文化创意产业通过创意设计和文化表达，实现了文化资源的商业化转化，创造了巨大的经济效益。

1. 直接经济效益

文化创意产业创造了大量的就业机会和经济收入。文创产品的生产、销售和服务，涉及设计、制作、推广等多个环节，带动了相关产业的发展。

（1）创造就业机会

文化创意产业的迅速发展，带来了大量的就业机会。影视产业、音乐产业、出版产业等，不仅需要大量的创意人才，如导演、编剧、演员、音乐人、设计师等，还需要大量的技术人员和辅助人员，如摄影师、剪辑师、化妆师、音响师等。例如，好莱坞电影产业的蓬勃发展，不仅提供了成千上万的就业岗位，还带动了相关产业（如服装、化妆、特效制作等）的繁荣发展。

（2）增加经济收入

文化创意产业通过文创产品和服务营销，直接为经济增长做出了重要贡献。文创产品具有高附加值和高市场需求的特点，能够为企业带来丰厚的经济回报。例如，影视作品的票房收入、音乐专辑的销售收入、书籍的版税收入等，都是文化创意产业的重要经济来源。此外，文化创意企业通过品牌授权、版权交易、广告合作等方式，也能够获得可观的经济收入。

（3）推动相关产业的发展

文化创意产业的繁荣，带动了广告、旅游、餐饮等相关产业的发展。例如，影视作品的制作和拍摄，往往需要大量的场地租赁、道具制作、人员住宿和餐饮服务，这些都为当地经济带来了直接的经济效益。影视作品的上映和推广，还能够带动周边旅游产业的发展，如拍摄地的旅游热潮、兴建影视主题公园等，进一步增加了当地的就业机会和经济收入。

2. 间接经济效益

文化创意产业通过与其他产业的融合，带动了相关产业的发展，从而带来了间接经济效益的提升。文化创意产业与旅游、教育、传媒等产业的融合，不仅丰富了这些产业的产品和服务，还提升了其附加值和市场竞争力。

（1）文化旅游产业的发展

文化创意产业与旅游产业的融合，形成了独特的文化旅游产品。文化旅游产品通过创意设计和文化表达，提升了旅游目的地的吸引力和市场竞争力。通过挖掘和利用地域特色文化资源，文化旅游将历史、艺术、民俗等元素融入旅游体验，提升了旅游的深度和价值。现代技术的应用，如 VR 和 AR 技术，进一步丰富了文化旅游的表现形式，使游客能够沉浸式地体验文化魅力。文化旅游产品不仅增加了旅游业的收入，还带动了相关产业的发展，如酒店、餐饮、交通等，为当地经济注入了新的活力。

（2）文化创意教育的发展

文化创意产业与教育产业的融合，推动了文化创意教育的发展。文化创意教育通过创意设计和互动体验，提升了教育的趣味性和吸引力。例如，创意工作坊通过手工制作、艺术创作等活动，培养学生的创意思维和动手能力，提升教学的实际效果和学生的参与度。文化创意教育的发展，不仅提升了教育质量，还培养了大量的创意人才，推动了教育产业的创新性发展。

（3）文化传媒产业的发展

文化创意产业与传媒产业的融合，极大地提升了文化传媒产业的市场竞争力。文化创意产品通过传媒平台，如电视、广播、互联网等，能够实现广泛地传播并带来巨大的经济效益。例如，电视综艺节目通过电视和网络平台的播出，吸引了大量观众和广告客户，提升了电视台和广告公司的经济效益。文化传媒产业的发展，不仅丰富了人们的文化生活，还提升了文化产品的市场价值和传播效果。

3. 促进经济结构转型

文化创意产业作为知识密集型和技术密集型产业，具有高附加值和高成长性的特点。文化创意产业的发展，有助于推动经济结构的优化和升级，促进产业结构的转型。

（1）传统产业的转型升级

文化创意产业的发展，为传统产业的转型升级提供了新的路径。传统制造业通过与文化创意产业的结合，提升了产品的设计和品牌价值，增强了市场竞争力。例如，传统手工艺品通过现代设计和技术，焕发出新的活力，在现代生活中被广泛使用。传统制造业通过引入创意设计和品牌营销，实现了产业的转型升级，提升了产品的附加值和市场竞争力。

（2）新兴产业的培育

文化创意产业的发展，培育了大量的新兴产业，如数字音乐、网络文学、数字游戏等。这些新兴产业具有高技术含量和高市场需求的特点，能够为经济增长提供新的动能。例如，数字音乐产业通过流媒体平台，实现了音乐的全球传播和市场化运营，成为文化创意产业的重要组成部分。

（3）经济结构的优化与升级

文化创意产业的发展，有助于推动经济结构的优化与升级。文化创意产业作为高附加值和高成长性的产业，不仅能够带动相关产业的繁荣，还促进了人才、技术、资金等资源的流动和优化配置，从而提升经济体系的整体效益和竞争力。

（二）文化价值

1. 提升文化认同感

文创产品在现代社会中扮演着极其重要的角色，其丰富的文化内涵和独特的艺术表现形式不仅满足了人们的审美需求，更在潜移默化中提升了人们的文化认同感和文化自信。通过精心设计和制作的影视作品、音乐作品、文学作品等，文创产品将深刻的文化价值观和社会情感传递给观众。例如，一部优秀的电影不仅能以其引人入胜的故事情节和演员精湛的表演艺术打动观众，还能通过其中蕴含的文化元素和价值观念使观众产生共鸣，从而增强观众对自身文化的认同感和归属感。再如，传统音乐与现代元素的融合，不仅丰富了音乐的表现形式，还在新旧文化的碰撞中，让听众重新认识并珍视自己的文化遗产。此外，文化创意产业通过文创产品的广泛传播，进一步提升了社会的文化氛围和文化素养。通过影视剧、舞台剧、音乐会、展览等多种形式，使文创产品走进大众生活，潜移默化地影响着人们的思想和价值观。在文化创意产业的推动下，社会公众不仅能接触到丰富多样的文创产品，还能通过这些产品中的文化元素，深入了解本民族的文化传统和历史，增强自身的文化认同感和民族自豪感。这不仅有助于增强社会凝聚力，还有助于在全球化进程中维护和弘扬本民族的文化特色。

2. 推动文化交流与融合

文化创意产业在全球化的背景下，通过文创产品的国际推广和营销，成为促进不同文化间交流与融合的重要桥梁。文创产品不仅是文化传播的载体，更是不同文化间相互理解和沟通的媒介。例如，日本的动漫文化以其独特的美学风格和引人入胜的故事内容，吸引了全球范围内的观众。通过动漫作品，世界各地的观众不仅感受到了日本文化的魅力，还对日本的社会生活、历史传统和价值观念有了更深入的了解。同样，K-pop通过其动感的音乐和精湛的舞蹈表演，在全球范围内掀起了一股"韩流"，韩国文化因此得以广泛传播。

这种文化交流不仅是单向的文化输出，更是多元文化之间的双向互动和融合。不同文化在交流过程中，既保留了各自的特色，又相互借鉴和融合，从而推动了文化的多样性发展。以印度的宝莱坞电影为例，那些充满印度风情的电影作品不仅让全球观众领略了印度独特的文化魅力，同时也吸收了其他文化的元素，使宝莱坞电影在保留自身特性的同时，不断创新和发展。

文化创意产业通过多样化的文化产品，不仅促进了国际文化交流，还为不同文化之间的理解与合作提供了新的契机。这种文化交流与融合，有助于打破文化壁垒，增进各国人民之间的相互理解和友谊，为构建和谐的全球文化生态系统奠定了坚实的基础。

3. 加强文化产业发展

文化创意产业的发展，不仅是提升民众文化认同感和推动文化交流与融合的手段，更是国家软实力的重要体现。通过发展文化创意产业，一个国家可以展示其文化魅力，增强其在国际社会中的影响力和话语权。在此过程中，政府的政策支持、企业的创新能力和社会的广泛参与，都是推动文化创意产业发展的关键因素。政府可以通过制定优惠政策、提供资金支持和完善法律法规，营造良好的产业发展环境；企业则需要不断创新，提升产品的质量和竞争力；而社会公众的广泛参与和支持，则是文化创意产业发展的动力源泉。

在全球化背景下，文化创意产业的发展不仅关系到经济效益，更关乎文化自信和国家形象的塑造。通过不断创新和发展，文化创意产业可以为国家带来可观的经济收益，同时提升国家的文化软实力。在未来的发展中，我们需要进一步加强文化创意产业的创新能力，推动文化产品的多样化发展，不断提升文化产品的国际竞争力和影响力，从而在全球文化市场中占据一席之地。

（三）社会影响

文化创意产业具有重要的社会影响。文创产品通过创意设计和文化表达，丰富了人们的精神文化生活，提升了社会的文化氛围和审美水平。

1. 丰富精神文化生活

文化创意产业通过丰富的文创产品，满足了人们精神文化生活的需求。这些产品包括电影、电视、音乐、书籍、艺术品等，通过丰富的内容和独特的艺术表现，为人们提供深刻的精神文化体验，从而提升人们的生活质量和幸福感。例如，一部优秀的电影不仅能够以其精彩的故事情节和深刻的社会主题引发观众的思考，还能通过其艺术表现激发观众的情感共鸣，为观众带来独特的审美享受。电影中的人物塑造、情节发展、视觉效果和配乐等元素，为观众提供了一种全方位的精神享受，使观众在观看过程中不仅获得了娱乐体验，更在潜移默化中提升了对生活的认知和理解。又如，音乐作为一种重要的文创产品，通过其独特的旋律、节奏和歌词，直击人心。不同风格的音乐，如古典音乐、流行音乐、民谣等，满足了不同人群的精神文化需求。音乐会、音乐节等文化活动，不仅为人们提供了高品质的文化享受，还提供了互动和交流的平台，丰富了人们的精神文化生活。再如，书籍作为文创产品的重要组成部分，为读者提供了丰富的知识和思想养料。文学作品、历史著作、科普读物等，不仅扩展了读者的视野，还培养了读者的批判性思维和文化素养。读书会、文学讲座等活动，也在一定程度上促进了人们的文化交流和思想碰撞，进一步丰富了人们的精神文化生活。

2. 提升社会文化氛围

文创产品通过创意设计和文化表达，能够提升社会的文化氛围和审美水平。城市公共艺术作品，如雕塑、壁画、装置艺术等，不仅能够美化城市环境，还能够提升城市的文化品位和形象，增强市民的文化认同感和归属感。这些公共艺术作品融入了城市的历史文化元素和现代艺术手法，具有强烈的视觉冲击力和深厚的文化内涵，给人们带来了美的享受和精神熏陶。例如，在城市的广场、公园、地铁站等公共空间中，精心设计的雕塑和壁画不仅起到了装饰和美化环境的作用，会在潜移默化中提升自身的审美水平和文化素养。此外，城市公共艺术还通过与市民的互动，增强了公众的文化参与感和归属感。市民不仅是这些艺术作品的观赏者，还是文化氛围的共同创造者。同时，文化创意产业的快速发展，也推动了城市文化节庆活动的兴起。各种文化节、艺术展、音乐节等活动，汇集了丰富的文化资源和多样的艺术形式，为市民提供了丰富多彩的文化体验。这些活动不仅活跃了城市的文化氛围，还促进了文化消费和相关产业的发展，从而推动了城市文化品位和形象的提升。

3. 促进社会进步与发展

　　文化创意产业通过文创产品的推广和销售，实现了文化的广泛传播和影响，增强了社会的文化认同感和凝聚力。文创产品通过创意设计和文化表达，传递了积极的社会价值观和文化精神，促进了社会的进步与发展。例如，公益广告、环保艺术作品等，通过其独特的创意设计和深刻的思想表达，唤起了人们对社会问题的关注和思考，从而推动社会的和谐发展和进步。

　　公益广告作为文创产品的一种，通过视觉、听觉等多种手段，传递社会正能量和积极价值观。它们通过简洁有力的画面和富有感染力的语言，向公众传达健康、环保、公益等理念，激发民众的社会责任感和参与意识。例如，关于环境保护的公益广告，通过富有冲击力的视觉表达或温馨感人的故事情节，提醒人们关注环境问题，倡导绿色生活方式，促进社会的可持续发展。

　　环保艺术作品也是文创产品中的重要形式，通过艺术创作，呼吁公众关注环保问题。这些作品通常采用回收材料制作，既展示了艺术家的创意和技巧，又向观众传递了环保的理念。通过在公共场所展示环保艺术作品，能够引起公众的关注和讨论，推动环保意识的普及和提高。此外，文化创意产业还通过文化项目的实施和推广，促进了社会的创新性发展。各类文化创意园区、创意工坊等，不仅为艺术家和设计师提供了创作和交流的平台，还为社会培养了大量的创意人才，推动了相关产业的发展。文化创意产业的蓬勃发展，不仅丰富了社会的文化生活，还为经济发展和社会进步注入了新的活力。

第三章　文化与设计的关系

第一节　文化对设计的影响

一、文化符号与设计

(一) 文化符号的定义和类型

文化符号是指在特定文化背景下具有象征意义的标志、图案、颜色、文字等，它们通过视觉形式传递特定的文化信息和情感。每一个文化符号都蕴含着丰富的历史背景和文化内涵，反映了一个民族或地区的独特文化特征。这些符号在设计中的应用，使产品不仅是一件实用品，还成为文化传播的重要载体。

文化符号可以分为以下几种类型：

1. 视觉符号

包括图案、颜色、造型等，这些视觉符号通过特定的色彩和造型，传递文化的情感和价值观。例如，红色在中国文化中常代表喜庆、祥和，同时也被赋予了革命精神、英雄主义和奉献精神的涵义，而在西方文化中，红色往往与危险、冒险、利益等相联系。设计师在选择和应用这些符号时，需要充分理解其文化背景，以确保设计作品能够有效传递预期的文化信息。

2. 文字符号

包括文字的字体和风格，如汉字的篆书、隶书、楷书等，拉丁字母的罗马体、草书体等。文字作为文化符号的重要组成部分，不仅具有实用的语言传达功能，还承载着深厚的文化内涵和历史记忆。例如，汉字的不同字体，不仅表现出文字的美感，还反映了不同历史时期的文化特征和艺术风尚。设计师在使用文字符号时，应充分考虑文字字体和风格的历史背景和文化意义，以增强设计作品的文化内涵。

3. 象征符号

包括动物、植物、图腾等具有象征意义的图案。如中国的龙象征权力与威严，莲花象征纯洁与美好；西方的橄榄枝象征和平，十字架象征基督教信仰。象征符号通过具体的形象传递抽象的文化价值和情感。设计师在使用这些象征符号时，应结合其文化背景和象征意义，创造出具有深刻文化内涵的设计作品。

（二）文化符号在设计中的应用

设计师在进行文创产品设计时，首先需要对文化符号进行深入研究，理解这些符号的历史背景和文化内涵。例如，中国的传统图案龙、凤、祥云等，西方的十字架等宗教符号，都是极具代表性的文化符号。通过对这些符号的提取和再设计，设计师可以将其融入产品设计中，使产品具有鲜明的文化特色。

在文化符号的应用过程中，设计师需要注意以下几点：

1. 文化符号的选择

选择合适的文化符号是设计的关键。设计师应根据产品的定位和目标市场，选择能够代表目标文化的典型符号。例如，在设计一个面向国际市场的中国风产品时，可以选择龙、凤、祥云等具有代表性的中国传统图案；通过选择具有强烈文化象征意义的符号，设计师可以设计出具有强烈文化认同感和市场吸引力的文创产品。

2. 文化符号的提炼与创新

在文化符号的应用过程中，设计师不仅要忠于符号的原始意义，还要通过创新的设计手法，赋予其新的表现形式和现代感。例如，将传统的中国画元素与现代的平面设计相结合，创造出既具有传统美感又符合现代审美的设计作品。这种符号的现代转化，不仅保留了文化符号的原始魅力，还增强了设计作品的时代感和创新性。

3. 文化符号的组合与搭配

不同文化符号之间的组合与搭配，可以创造出更加丰富和多样化的设计效果。例如，将中国的龙与西方的十字架结合在一起，可以创造出具有东西方文化融合特色的设计作品。设计师在进行符号的组合与搭配时，应充分考虑符号之间的文化意义和视觉效果，以确保设计作品的整体性和协调性。

（三）文化符号的现代转化和创新

文化符号的应用不仅需要忠于其传统意义，还需要通过现代转化和创新，使其在当代设计中焕发出新的生命力。传统符号在现代设计中的应用，不应只是简单地复制和堆砌，而应通过创新的设计手法，赋予其新的意义和表现形式。

在现代设计中，设计师可以通过以下几种方式进行文化符号的创新转化：

1. 造型创新

对传统符号的造型进行简化、夸张或抽象处理，使其更符合现代审美。例如，将中国传统文化中龙的形象进行简化，设计出线条流畅、造型简洁的现代龙图案。通过造型的创新，设计师可以使传统符号在保持其原有文化内涵的同时，更具现代感和时尚感。

2. 色彩创新

在传统符号的基础上，采用现代色彩搭配，增强视觉冲击力。例如，将传统的中国红与现代的金属色结合，设计出既具传统韵味又具现代感的作品。色彩的创新不仅可以增强设计作品的视觉吸引力，还可以通过色彩的对比和碰撞，传递更加丰富的文化信息和情感内涵。

3. 材质创新

通过将新的材料和传统工艺相结合，制作出既具有传统文化特色，又符合现代实用功能的产品。例如，将传统的竹编工艺与现代的塑料材料结合，设计出既复古又耐用的现代家居用品。材质的创新不仅可以增强设计作品的功能性和实用性，还可以通过不同材质的组合和运用，创造出具有独特质感和视觉效果的设计作品。

4. 技术创新

利用现代科技手段，对传统符号进行数字化处理和创新应用。例如，利用3D打印技术，将传统符号制作成立体模型，应用于产品设计和装饰中；利用AR技术，将传统符号与AR技术结合，创造出互动性强、体验感丰富的设计作品。技术的创新不仅可以拓展设计的表现形式和应用范围，还可以通过科技手段增强设计作品的文化内涵和互动性。

二、文化价值观与设计

文化价值观是文化的核心内容，反映了一个社会的文化基础和道德规范。设计作为文化的载体，不仅要在形式上应用文化符号，更要在内涵上传递文化价值观。不同文化背景下的设计作品，往往体现出不同的价值观念和审美标准。例如，东方文化强调自然和谐、内敛含蓄，设计作品多表现出简约、自然的风格；西方文化注重个性表达、创新突破，设计作品则更加大胆、前卫。

（一）文化价值观的定义和表现形式

文化价值观是一个社会或群体在长期历史发展中形成的基本观念和行为规范，包括伦理道德、宗教信仰、社会制度、审美标准等。文化价值观对个人和群体的行为、心理和社会关系产生深远影响，并通过各种文化符号和文化实践表现出来。它不仅是文化的核心内容，也是文化的灵魂所在，影响着人们的思维方式和行为习惯。

文化价值观的表现形式多种多样，包括文学、艺术、宗教、习俗、法律等。在设计领域，文化价值观通过设计作品的形式和内容传递出来。设计作品不仅体现了美学价值，更是文化价值观的载体，通过视觉、触觉等多种感官体验，传达特定文化的深层次含义。

（二）文化价值观在设计中的应用

设计师在进行文创产品设计时，必须深入理解并尊重目标文化的价值观念，并将这些价值观念融入设计作品中。例如，在进行环保产品设计时，可以借鉴东方文化中"天人合一"的生态观念，强调人与自然的和谐共生；在进行个人定制产品设计时，可以借鉴西方文化中"自我表达"的理念，突出产品的个性化和独特性。

设计师在设计过程中，应从以下几个方面考虑文化价值观的应用：

1. 伦理道德

伦理道德是文化价值观的重要组成部分，反映了一个社会的道德规范和行为准则。设计作品应体现出特定文化中的伦理道德观念，以增强其社会认同感和文化深度。

（1）传统文化中的伦理道德

在中国传统文化中，孝道和仁义是重要的伦理价值观。

孝道强调尊敬和赡养老人，是家庭伦理的重要组成部分。设计师可以通过设计老人用品或社区服务设施来表达这一伦理价值观。例如，可以设计符合老年人需求的无障碍设施,如防滑地板、带扶手的楼梯和高度适中的卫生间设施。这些设计不仅提高了老年人的生活质量,还体现了对老年人的关爱和尊重。

仁义则强调人与人之间的互助和友爱,设计师可以通过设计社区共享设施或公益项目来表达这一文化价值观。例如,可以设计社区花园、共享厨房或公共活动中心,为社区居民提供互相交流和帮助的平台。这些设计不仅促进了社区凝聚力,还增强了居民的归属感和幸福感。

(2)现代伦理道德的表达

在现代社会,伦理道德观念随着社会的发展而不断演变。例如,环保意识已经成为全球范围内的重要伦理道德观念。设计可降解材料的环保包装、节能型家电或再生材料制作的家具,不仅有助于环保,还传达了设计师对环境保护和可持续发展的重视。

(3)伦理道德在跨文化设计中的应用

在进行跨文化设计时,设计师需要特别注意不同文化中的伦理道德观念,以避免文化冲突。例如,在一些宗教信仰较强的国家,设计师需要避免使用可能被视为亵渎宗教的图案或符号。通过理解和尊重不同文化背景下的伦理道德观念,设计出更加符合目标市场需求的产品。

2. 社会制度

社会制度是文化价值观的另一重要组成部分,反映了一个社会的组织结构和运作方式。设计作品应反映出特定社会制度和文化背景下的价值观念,以增强其社会功能和文化内涵。

(1)公共设施设计中的社会制度体现

公共设施设计是社会制度在设计中的直接体现。例如,在北欧国家,公共空间设计常常注重环保和可持续发展,这体现了北欧文化中的环保价值观。设计师可以通过设计绿色建筑、节能照明和可再生能源设施来体现这一价值观。这些设计不仅有助于环保,还提升了公共空间的使用价值和社会认可度。而中国的公共设施设计则常常强调平等和便捷的社会价值观。例如,在城市规划中,设计师可以通过设计无障碍设施、公共交通系统和便民服务设施来体现这一价值观。这些设计不仅提高了城市的宜居性,还提高了市民的生活质量和幸福感。

(2)社会制度在商业设计中的体现

商业设计同样需要反映社会制度和文化背景下的价值观念。例如,在进行商业建筑设计时，设计师可以通过设计符合当地社会制度和文化背景的建筑风格和功能布局，增强其文化内涵和市场竞争力。例如，在一些注重集体活动的文化中，设计师可以设计多功能的商业中心，为人们提供购物、娱乐和社交的综合空间。这些设计不仅提高了商业中心的吸引力，还增强了社会功能和文化认同。

（3）社会制度在产品设计中的体现

在产品设计中，社会制度的体现同样重要。例如，在设计教育产品时，设计师需要了解目标市场的教育制度和文化背景。在一些重视素质教育的国家，设计师可以设计综合性学习工具，促进学生的全面发展；而在一些注重应试教育的国家，设计师则可以设计针对性强的辅导工具，帮助学生提高考试成绩。通过理解和尊重不同社会制度和文化背景，设计师可以设计出更加符合目标市场需求的产品。

3. 审美标准

审美标准是文化价值观的重要组成部分，反映了一个社会的美学追求和审美偏好。设计师在进行设计时，需要根据不同文化背景下的审美标准进行设计，使作品符合目标市场的审美需求。

（1）东方文化中的审美标准

在东方文化中，简约自然是重要的审美标准。设计师通过设计简洁、自然的作品来体现这一审美标准。例如，在家居设计中，设计师可以使用自然材料和简约线条，营造宁静、舒适的生活空间。这些设计不仅符合东方文化的审美标准，还提升了家居的文化内涵和使用价值。

（2）西方文化中的审美标准

在西方文化中，个性表达和创新是重要的审美标准。设计师通过设计大胆、前卫的作品来体现这一审美标准。例如，在时尚设计中，设计师使用创新的材料和独特的造型，创造出独具个性的时尚作品。这些设计不仅符合西方文化的审美标准，还增强了作品的市场竞争力和文化认同。

（3）跨文化设计中的审美标准应用

在进行跨文化设计时，设计师需要特别注意不同文化中的审美标准。例如，在进行国际市场的产品设计时，设计师应了解目标市场的审美偏好，以设计出符合其审美需求的产品。例如，在进行电子产品设计时，设计师可以根据不同市场的审美偏好，设计不同风格的产品，以满足不同消费者的需求。

（三）文化价值观对设计的影响

文化价值观在设计中的体现，不仅能够增强设计作品的文化内涵和社会认同，还能提升产品的附加值和市场竞争力。设计师通过对文化价值观的深入挖掘和创新表达，可以创造出既具有文化深度又符合现代审美的优秀设计作品，满足消费者的多样化需求。

三、文化习惯与设计

文化习惯是指在特定文化背景下，人们在日常生活中形成的行为方式、生活方式和消费习惯。文化习惯是社会成员在长期的生活实践中逐步形成并代代相传的行为模式和生活方式，反映了一个社会的文化特征，是文化价值观在日常生活中的具体体现。

（一）行为习惯与设计

行为习惯包括饮食习惯、穿着习惯、社交礼仪等。这些习惯反映了一个社会的日常行为规范和风俗习惯，体现了不同文化背景下人们的生活特点和社交模式。

1. 饮食习惯与设计

饮食习惯是文化习惯中最直观的表现形式之一。不同的文化背景造就了各具特色的饮食文化。不同的饮食习惯不仅体现在餐具上，还体现在饮食方式和餐桌礼仪上。例如，中国人习惯用筷子进餐，而西方人习惯用刀叉。中国饮食文化中强调共餐制，菜品通常放在桌子中央供大家分享，而西方饮食文化则多为分餐制，每人有自己独立的一份餐食。这些习惯反映了中西方文化中对集体和个人的重视程度。

2. 穿着习惯与设计

穿着习惯同样是文化习惯的重要组成部分。不同文化背景下的人们对服装的选择、颜色的偏好以及穿着的场合都有不同的要求。例如，在中国传统文化中，红色被视为吉祥色，红色的服装常用于节庆和婚礼等喜庆场合；在西方文化中，黑色代表庄严肃穆，黑色的服装更多出现在正式和严肃的场合，如葬礼和正式晚宴。这些穿着习惯不仅体现了不同文化对色彩的理解和运用，也反映了文化价值观对人们日常生活的深远影响。

3. 社交礼仪与设计

社交礼仪包括人们在社交场合中的行为规范和礼节要求。例如，中国人送礼物时讲究"礼尚往来"，强调礼品的象征意义和人情关系；而西方人则更注重礼品的实用性和独特性，强调个人的心意和个性表达。这些社交礼仪不仅体现了不同文化中的社交规范和价值观，也反映了人们在社交互动中所重视的不同方面。

（二）生活方式与设计

生活方式包括居住方式、出行方式、娱乐方式等。生活方式反映了一个社会的生活环境和社会结构，不同的文化背景造就了各具特色的生活方式。

1. 居住方式与设计

居住方式是生活方式中最能体现文化差异的方面之一。例如，中国家庭通常有多代同堂的传统，这种家庭结构要求家居设计更加注重功能的多样性和空间的合理利用。家庭成员之间的亲密关系和相互依赖在家居设计中得到体现，如大客厅、多人餐桌和共享活动空间等。而西方家庭则注重个人空间和隐私，家居设计更多强调个人的舒适性和私密性，如独立卧室、私人书房和独立卫浴设施等。这些居住方式的差异不仅反映了家庭结构的不同，也体现了文化价值观对个人和集体关系的不同理解。

2. 出行方式与设计

在中国，尤其是大城市中，公共交通工具如公交车、地铁等，是人们日常出行的主要选择。随着技术的进步和基础设施的完善，共享单车、电动滑板车等新型交通工具也逐渐普及，为人们的出行提供了更多的选择。设计师在设计这些交通工具时，需要考虑到使用密集度高时的舒适性和便利性，例如座椅的合理布局、上下车的流线设计，以及智能化的车内导航和信息系统等。与此同时，私家车也在中国逐渐普及，尤其是在中小城市和城市外围地区，私家车成为人们日常出行的重要方式。设计师在设计私家车时，需要注重驾驶的舒适性和个性化功能，如座椅加热、个性化内饰设计和高级音响系统等。此外，中国在绿色出行方面也取得了显著进展，电动汽车、混合动力汽车等环保交通工具的普及，反映了人们对低碳生活方式的追求。

在一些西方国家，私家车的使用更为普遍，是人们主要的出行方式。设计师在设计汽车时，需要特别注重驾驶舒适性、安全性和个性化功能，如先进的驾驶辅助系统、豪华内饰、多样化的娱乐系统等。此外，随着环保意识的增强，电动汽车和混合动力汽车在西方国家也越来越受欢迎，许多车企在设计和制造电动汽车和混合动力汽车上都投入了大量资源，以满足市场需求。

3. 娱乐方式与设计

在中国现代，娱乐方式既保留了传统元素，又融合了现代科技。例如，许多人仍喜欢集体娱乐活动，如打麻将、广场舞等，这些活动不仅是娱乐，更是社会交往的重要方式。然而，随着科技的发展和生活方式的变化，中国人的娱乐方式也变得更加多样化和个性化。例如，网络游戏、在线直播、短视频平台等数字娱乐形式在中国迅速普及，吸引了大量年轻人的参与。设计师可以设计适合多人在线互动的娱乐产品，如多人在线游戏、社交娱乐应用等。此外，随着家庭影院系统、智能家居设备的普及，家庭娱乐也变得越来越重要，设计师可以设计多功能的家庭娱乐系统，以满足不同家庭成员的需求。

相比之下，西方人的娱乐方式更注重个人兴趣和爱好。设计师在西方市场上需要设计出适合个人使用的娱乐产品，如个人健身设备、VR游戏设备、个人音频设备等。这些产品通常强调个性化体验和高科技感，以满足用户的个性化需求。

（三）消费习惯与设计

消费习惯包括购物习惯、消费心理等。消费习惯反映了一个社会的经济水平和文化背景，不同的文化背景造就了各具特色的消费模式。

1. 购物习惯与设计

购物习惯是消费习惯中最直观的表现形式之一。例如，中国消费者在购物时，非常注重产品的性价比和实际使用价值，设计师在设计产品时，可以以此为突破点突出产品的实用性和质量，同时通过品牌故事和文化内涵提升产品的附加值。而西方消费者在购物时更加注重产品的质量和品牌声誉，同时也关注产品的独特性和创新性。设计师可以通过创新的设计和独特的品牌定位，吸引消费者的注意力。购物习惯的差异不仅反映了不同文化中的消费理念，也体现了文化对消费行为的深远影响。

2. 消费心理与设计

消费心理是指消费者在购买决策过程中所表现出的心理特征与心理活动。在中国，消费者在购物时，常常受到集体文化和社会认同的影响。消费者倾向于购买那些能够提升自身社会地位和形象的产品，注重品牌和产品在社会中的认可度。设计师在进行产品设计时，需要考虑到中国消费者对品牌形象和社会认可度的重视，通过设计传递出高质量和高价值的印象，吸引消费者。

在西方，消费者在购物时更注重个人需求和自我满足。西方消费者倾向于购买能够满足个人兴趣和爱好的产品，注重产品的独特性和个性化。设计师在进行产品设计时，需要了解目标市场的个人主义倾向，通过创新设计和独特功能满足消费者的个性化需求。

消费心理的差异不仅反映了不同文化的价值观，也影响了不同文化背景下消费者的购买行为。设计师在进行产品设计时，需要充分理解并尊重这些文化差异，以便通过设计满足消费者的心理需求，从而提升产品的市场吸引力。

第二节　设计在文化传播和表达中的作用

一、设计作为文化载体

设计作为文化载体，具有传递文化信息和表达文化价值的功能。设计作品通过视觉、触觉、听觉等多种感官体验，传递文化符号、价值观和习惯，使人们在日常生活中感受到文化的存在和影响。设计不仅是一种美学表现，更是一种文化交流的方式。

（一）设计作品的美学价值与文化内涵

1. 传统工艺品的文化内涵

传统工艺品的设计不仅是一种艺术再现，更是对历史文化和工艺精神的传承。中国的青花瓷器（图3-1）以其独特的蓝白色调和精美的图案闻名于世，其设计不仅展示了中华文化的独特魅力，还承载了深厚的历史价值，是中国传统文化中独具特色的文化符号。青花瓷器的设计通过对蓝白色调的运用，创造出简洁优雅的视觉效果，传递了中华文化中清新淡雅的独特意蕴。

青花瓷器的制作工艺复杂，涉及选材、成型、绘画、上釉、烧制等多个环节，每一个环节都需要工匠的精湛技艺和高度的专注。青花瓷的图案设计常常采用缠枝莲、龙凤、花鸟等传统图案，这些图案不仅具有装饰性，还蕴含着丰富的文化内涵。例如，缠枝莲象征着生生不息、繁荣昌盛；龙凤则代表着权力与吉祥。通过这些图案的设计和应用，青花瓷不仅是一件精巧的艺术品，更成为中华文化的重要载体。此外，青花瓷还通过其独特的制作工艺和艺术风格，展现了中国古代工匠的智慧和创造力。在青花瓷的烧制过程中，需要严格控制温度和时间，以确保釉料的色泽和质地达到最佳效果。这种精湛的工艺技术，不仅体现了工匠们的专业技能，还展示了他们对艺术和美的追求。青花瓷器的设计和制作，是中华优秀传统文化中的工匠精神和艺术价值的集中表现。

图 3-1　青花缠枝莲纹渣斗 [清]

2. 现代设计作品的文化表达

现代设计作品通过对造型、色彩和功能的创新设计，表达了设计师的文化理念和价值观。例如，北欧设计以简洁、实用和环保的特点体现了北欧文化中对自然和简约的追求。北欧的设计作品通过选用天然环保的绿色材料，采用简洁的线条和淡雅的色彩，创造出一种宁静舒适的生活氛围，传递了北欧人对自然和简约生活的热爱。

北欧设计的核心理念是功能性与美学的结合，这一设计理念在建筑、家具和日常用品设计中都有广泛应用。北欧设计师注重使用自然材料，如木材、石材和棉麻等，强调材料的天然质感和环保特性。在色彩选择上，北欧设计常用浅色调和中性色调，创造出宁静、温馨的生活环境。

意大利的家具设计以优雅、时尚和高质量著称，反映了意大利文化中的艺术性和精致生活理念。意大利家具设计通过选用高品质的材料，以精致的工艺赋予材料优美的造型，展示了意大利人对美和生活品质的追求。每一件意大利家具设计作品都是艺术性和实用性的结合，传递了意大利文化中对优雅和精致的追求。

意大利设计师在家具设计中，常常将传统工艺与现代设计理念相结合，创造出既有历史厚重感又具现代感的作品。意大利家具设计注重细节，每一个接缝、每一个雕花都体现了设计师的精湛技艺和对美的极致追求。通过这些细节的处理，意大利家具不仅具有极高使用价值，还成为极具美学价值的艺术品，展示了意大利文化中的艺术精神和生活态度。

3.设计作品的综合文化表达

设计作品作为文化载体，通过视觉、触觉、听觉等多种感官体验，综合传递文化符号、价值观和习惯。设计师在进行设计时，应充分考虑多感官体验的结合，使设计作品不仅具有美学价值，还能传递丰富的文化内涵和情感体验。

以音乐盒的设计为例，音乐盒的外观设计常常采用传统的材质和装饰图案，如木雕、金属镶嵌和绘画等，这些材质和装饰元素不仅增加了音乐盒的美感，还传递了传统文化中的艺术价值和工匠精神。音乐盒的音乐旋律常常选自经典的民间乐曲或古典音乐，通过音乐传递传统文化中的情感和故事。

而在设计一款智能家居设备时，设计师可以通过外观设计、触觉体验和声音提示等多种方式，传递温馨和谐的家居氛围，为用户提供更人性化的使用体验。通过多感官体验的结合，设计作品不仅能够满足功能需求，还能为用户提供丰富的文化和情感体验，增强设计作品的吸引力和影响力。

（二）设计促进文化交流与融合

设计作为文化载体，还具有促进文化交流和融合的功能。不同文化背景下的设计作品，能够展示各自的文化特色和美学价值，从而促进不同文化之间的理解和交流。设计师通过对不同文化元素的融合和创新，可以创造出具有跨文化价值的设计作品，推动文化的多样性和全球化发展。

1.设计作品的文化展示

设计作品通过其独特的文化元素和美学价值，能够展示自身的文化特色，促进了文化交流。例如，联合国教科文组织每年都会举办国际设计比赛，邀请来自世界各地的设计师展示他们的作品。这些设计作品不仅展示了各个国家的文化特色，还通过设计语言的交流，促进了不同文化之间的理解和共鸣。

（1）国际设计比赛中的文化展示

国际设计比赛是一个重要的平台，通过汇集来自世界各地设计师的作品，展示不同国家和地区的文化特色。设计师在比赛中通过其作品展示各自文化中的独特元素和美学价值。例如，来自日本的设计师展示其传统的和风设计，体现简约、自然和细腻的美学；来自巴西的设计师则展示其色彩丰富、充满活力和色彩的设计风格，体现热情、欢快的文化特色。

（2）跨文化设计的创新与融合

设计师在进行跨文化设计时，可以通过对不同文化元素的融合和再创作，设计出具有跨文化价值的作品。例如，在国际设计比赛中，设计师通过对不同文化的研究和理解，融合不同文化的独特元素，设计出具有跨文化价值的作品。一个成功的跨文化设计作品不仅展示了不同文化的美学价值，还通过设计语言的交流，促进了文化之间的融合。例如，在设计一个跨文化家具作品时，设计师可以选择东方文化中的竹子和西方文化中的皮革作为材料，将两者巧妙结合，设计出既具有自然美感又具现代时尚的家具作品。

2. 设计师的文化融合与创新

通过对不同文化元素的融合，设计师不仅丰富了设计作品的文化内涵，还促进了文化的多样性和创新。

（1）跨文化家具设计的案例分析

在设计一个跨文化家具作品时，设计师可以选择具有本土文化特色的材料和工艺，同时融入国际设计理念，创造出既具有本土特色又符合国际审美的作品。例如，设计师可以使用中国传统文化中常见的竹子作为家具的主要材料，体现东方文化中的自然美感，同时采用西方偏好的皮革和金属元素，增加家具的现代感和时尚感。通过这种跨文化元素的融合，设计师不仅展示了不同文化的美学价值，还通过创新的设计手法，促进了文化的交流和融合。

（2）跨文化设计中的挑战与策略

跨文化设计不仅需要设计师具备深厚的文化理解和创新能力，还需要他们能够敏锐地捕捉和融合不同文化中的精髓。在进行跨文化设计时，设计师需要克服文化差异带来的挑战，通过深入研究和灵活应用，创造出既符合目标市场需求又具有文化深度的设计作品。例如，设计师可以深入了解目标文化的历史背景和审美习惯，确保设计作品能够准确传递文化内涵和价值观。

3.设计的全球化与本土化

在全球化背景下，设计师需要在全球视野下进行设计，同时保留本土文化的独特性。全球化设计不仅要考虑国际市场的需求和趋势，还要尊重和传承本土文化。例如，在设计一个面向国际市场的产品时，设计师需要考虑不同文化背景下的用户需求和审美习惯，同时通过设计元素的选择和应用，保留本土文化的特色和价值。

（1）全球化设计中的本土文化保留

在设计一个面向国际市场的产品时，设计师可以通过选择具有本土文化特色的材料和工艺，保持产品的文化独特性。例如，在设计一个面向国际市场的服装作品时，设计师可以选择具有本土文化特色的面料和图案，同时采用国际流行的款式和色彩搭配，创造出既符合国际市场需求又保留本土文化特色的设计作品。通过这种全球化与本土化的结合，设计师不仅增强了设计作品的市场竞争力，还促进了文化的传播和交流。再例如，设计师可以在国际时装秀上展示融合了本土文化元素的服装作品。如将中国的丝绸、刺绣与西方的剪裁和款式相结合，创造出兼具东方美感和国际时尚感的服装作品。这种设计不仅展示了中国传统工艺的精湛，还通过现代设计手法，增强了作品在国际市场的吸引力。

（2）全球化设计中的文化敏感性

在全球化设计中，设计师需要具备高度的文化敏感性，尊重不同文化的价值观和审美习惯。例如，在设计跨文化的广告宣传时，设计师需要了解不同文化背景下的消费者行为和心理，通过适当的文化符号和语言，传递品牌的核心价值和文化内涵。设计师需要避免文化冲突和误解，增强品牌的文化适应性和市场影响力。在设计一个全球化的广告宣传时，设计师也可以通过选择具有普遍文化意义的符号和图像，避免使用可能引发文化误解的元素。同时，设计师可以通过多语言的广告文案和多元文化的视觉表现，增强广告的文化包容性和市场适应性。

二、设计的文化传播功能

设计具有独特的文化传播功能。设计作品作为媒介，在传递文化信息和价值观的过程中，通过其视觉语言和表达形式，能够有效地传递文化信息，使人们在欣赏设计作品的同时，感受到其中蕴含的文化内涵和价值观。

（一）直接的文化传播

1. 节日装饰品设计

节日装饰品设计是文化传播的重要载体，它通过特定的视觉元素和文化符号，直接传递节日的文化意义和情感价值。例如，在中国春节的装饰品设计中，红色和金色普遍被作为主色调，不仅因为它们在中国文化中象征着喜庆和财富，还因为它们能够迅速吸引观众的注意力，营造出浓厚的节日氛围。还有红灯笼、春联和年画等装饰品，通过其独特的造型和图案设计，传递了春节的文化传统和家庭团聚的美好愿景。门贴和年画中常见的福字、鱼、莲花、如意等图案，都蕴含着丰富的吉祥文化寓意，如："五福临门""年年有余""连年高升"等，这些图案不仅美化了节日环境，也增强了人们对传统文化的认同和传承。（图3-2，3-3）

图3-2　福字门帖　　　　图3-3 吉祥寓意的年画

2. 文化符号的运用

设计师通过对传统符号的现代诠释和创新应用，可以使设计作品既具有时代感，又不失文化底蕴。在设计中，对龙、凤、牡丹等中国传统图案的运用，不仅美化了设计作品的外观，也传递了深厚的文化内涵。龙作为中国文化中最重要的图腾信仰，象征着权力和尊贵，其图案在现代设计中的运用，如在服装、家居装饰和艺术品中，不仅展现了传统文化的魅力，也体现了现代设计的创新精神。凤作为中国文化中另一个重要代表，是美丽和吉祥的象征，其图案在珠宝、纺织品和包装设计中的运用，不仅增添了设计作品的艺术价值，也传递了中华优秀传统文化的优雅与和谐。牡丹被誉为"花中之王",在中华文化中象征着高贵、富丽和雍容,其图案在陶瓷、壁纸和家具设计中的运用,不仅展现了花卉的美丽,也传递了繁荣和富贵的文化寓意。这些传统图案的现代诠释,不仅使设计作品具备了独特的文化特色,也促进了传统文化的传播和国际交流。

(二)设计作品间接的文化传播

设计作品的间接文化传播主要通过其功能和使用场景传递更深层次的文化价值观和生活方式。这种传播方式更为隐晦,需要观众在实际使用和体验中逐渐感知和理解。

1. 绿色环保产品设计

绿色环保产品设计是间接文化传播的重要途径,它通过产品的材料选择、生产过程和设计理念,传递了深层次的环保意识和可持续发展的生活方式。

在材料选择上,设计师倾向于使用可再生资源和低碳环保材料,如竹子、麻、再生塑料等,这些材料不仅具有良好的环保性能,而且在视觉和触感上也传递了一种自然和谐的美感。例如,竹制家具以其轻巧、坚固和自然的纹理,不仅满足了现代家居的实用需求,也传递了一种回归自然、追求简约的生活哲学。

在设计风格上,绿色环保产品往往采用简约而不失功能性的设计,这种设计风格不仅减少了材料的浪费,也鼓励消费者减少不必要的物质消费,从而传递一种节俭和环保的生活习惯。例如,可循环使用的购物袋、节能灯具和太阳能充电器等产品,通过其简约的设计和实用的功能,不仅减少了环境污染,也促进了消费者对环保生活方式的认同和实践。

绿色环保产品设计的间接文化传播,不仅在于产品本身,更在于其所倡导的生活理念和价值观念。设计师在创作过程中,应深入理解环保理念的内涵,通过创新的设计语言和表达方式,有效地传递环保和可持续发展的价值观,从而促进社会公众对环保生活方式的认知和执行。

2. 城市公共设施设计

城市公共设施设计是间接文化传播的另一个重要领域,它通过设施的功能性、美观性和文化内涵,传递了城市社区文化和公共服务的价值观。

在功能性方面,城市公共设施如公园座椅、自行车租赁站和信息指示牌等,不仅要满足市民的基本需求,还要考虑到无障碍设计、安全性和耐用性等因素,从而为市民提供一个舒适、便捷和安全的公共空间。

在美观性方面，公共设施的设计不仅要注重实用性，还要注重艺术性和文化性。例如，城市公园中的公共座椅，常选用绿色环保材料，在形态上与公园环境完美融合，不仅为市民提供了舒适的休息场所，也传递了环保和可持续发展的理念。设计师可以将雕塑、壁画等艺术形式融入城市公共设施设计，使公共设施成为城市文化的展示窗口，增强市民对城市文化的认同感和归属感。

在文化内涵方面，公共设施的设计应反映当地的历史、文化和社区特色。例如，在历史文化街区设置的指示牌，可以通过传统图案和色彩的运用，传递当地的文化传统和历史故事。这种设计不仅美化了公共空间，也促进了市民对本土文化的了解和尊重。

城市公共设施设计的间接文化传播，不仅在于设施本身，更在于其所承载的社会价值和文化意义。设计师在创作过程中，应深入挖掘当地的文化传统，通过创新的设计语言和表达方式，有效地传递城市社区文化和公共服务的价值观，从而促进城市的和谐发展和文化的传承。

（三）设计的跨领域文化传播

设计的文化传播功能不仅体现在产品设计中，还体现在平面设计、包装设计、广告设计等多个领域。设计师通过对文化符号、价值观和习惯的深入理解和创新表达，可以有效提升设计作品的文化传播效果，增强其社会影响力和文化价值。

1. 平面设计

平面设计作为文化传播的重要手段，通过精心的色彩搭配、图案设计和排版布局，有效地传递了丰富的文化信息和价值观念。例如，在奥运会会徽设计中，设计师往往采用简洁而富有象征意义的图形，结合主办国的文化元素和奥运精神，创造出既具有国际辨识度又体现本土文化特色的视觉符号。例2008年北京奥运会的会徽"舞动的北京"，主体图形是近似椭圆形的中国传统印章，中间以中国书法的笔触勾勒出一个既像奔跑的人形，又似"京"字的图案，下方是用毛笔书写的"Bei Jing 2008"和奥运五环的标志，既展现了中国的篆刻和书法艺术，又象征着运动员的活力和奥运的激情。

WWF（世界自然基金会）徽标，以醒目简洁的大熊猫为图案（图3-4），不仅易于识别，而且深刻地传达了保护濒危物种和自然环境的全球性理念。这一设计通过极简的视觉语言，跨越了语言和文化的界限，成为全球公认的环保标志。

图 3-4　WWF 徽标

平面设计师在创作过程中，需要深入研究文化符号的内涵和外延，通过创新的设计手法，将文化信息和价值观念融入作品之中，从而提升设计作品的文化传播效果和社会影响力。平面设计的文化传播功能，不仅在于视觉美感的创造，更在于文化价值和理念的有效传递。

2. 包装设计

包装设计是产品与消费者之间的第一道桥梁，它通过材料选择、造型设计和图案装饰，传递产品的文化内涵和品牌价值。

在材料选择上，设计师越来越倾向于使用环保材料和传统手工艺，这不仅提升了产品的质感，也传递了对环境保护的呼吁和对传统文化的尊重。例如，使用竹编、纸艺或天然纤维等材料制作的包装，不仅具有良好的环保性能，也展现了传统工艺的美感，增强了产品的文化附加值。

在造型设计上，包装的结构和开启方式可以体现产品的特性和品牌的理念。例如，一些高端化妆品的包装设计，通过精致的盒型和独特的开启方式，传递了品牌的高端定位和独特性。

在图案装饰方面，设计师可以运用传统纹样、地方特色元素或现代艺术风格，来表达产品的文化背景和品牌故事。

包装设计的文化传播功能，不仅在于保护和美化产品，更在于通过设计语言传达品牌的文化价值和产品的独特卖点。设计师在创作过程中，应深入挖掘产品的文化内涵，通过创新的设计表达，有效地传递文化信息，增强消费者的文化认同感和品牌忠诚度。

3. 广告设计

广告设计是品牌与消费者沟通的重要方式，它通过创意构思和视觉表现，传递品牌的产品信息和文化价值。在广告设计中，故事化的叙事手法被广泛应用，通过构建引人入胜的故事情节，可以有效地传递品牌的文化理念，展示产品的独特卖点。例如，苹果公司的广告往往通过简洁的画面和富有情感的故事，传递创新、简约和人性化的品牌理念，从而与消费者建立起深厚的情感联系。

视觉表现方面，广告设计师通过色彩、图像和文字的精心组合，创造出具有强烈的视觉冲击力、能够引发消费者情感共鸣的广告画面。例如，可口可乐的广告设计，通过鲜明的红色和快乐的场景，传递了品牌的乐观和分享的文化价值。

广告设计的文化传播功能，不仅在于吸引消费者的注意力，更在于通过设计语言传达品牌的深层文化价值和产品的情感价值。设计师在创作过程中，应深入理解品牌的文化定位和目标消费者的需求，通过创新的设计表达，有效地传递文化信息，增强广告的社会影响力和文化价值。

三、设计的文化表达功能

（一）外观设计中的文化表达

外观设计是设计作品与消费者接触的第一层面，它通过视觉元素直接传递文化信息。设计师在外观设计中融入文化元素，不仅能够赋予产品独特的文化特色，还能够增强产品的市场竞争力。

1. 材料与工艺的文化表达

在外观设计中，材料与工艺的选择不仅是技术层面的考量，更是文化表达的重要途径。材料本身蕴含着丰富的文化意义，如木材的温暖、金属的冷峻、陶瓷的精致等，每种材料都携带着特定的文化符号和情感价值。工艺的选择则体现了对传统技艺的传承与创新，以及对工匠精神的尊重。

以中国的紫砂壶（图3-5）为例，其外观设计中的材料选择——紫砂泥料，不仅因其独特的质地和色泽而备受推崇，更因其与茶文化的深厚渊源而成为中华文化的重要载体。紫砂泥料的选取讲究天然、纯净，这与中华文化中追求自然和谐的理念相契合。在工艺上，紫砂壶的制作过程复杂而精细，从泥料的筛选、成型、雕刻到烧制，每一步都要求匠人具备高超的技艺和深厚的文化素养。紫砂壶的外观设计不仅展现了传统工艺的美学，也传递了中华文化中对工艺精湛和匠人精神的崇尚。此外，现代设计中对传统材料与工艺的创新应用，也是文化表达的重要方式。设计师通过对传统材料进行现代化的处理，或是将传统工艺与现代技术相结合，创造出既具有文化底蕴又符合现代审美的设计作品。这种创新不仅拓宽了材料与工艺的文化表达方式，也为传统文化的传承与发展提供了新的思路。

图 3-5　紫砂壶

2.图案与色彩的文化表达

图案与色彩作为外观设计中最具表现力的元素，在传递文化信息和情感方面发挥着至关重要的作用。图案不仅是视觉美感的体现，更是文化象征和历史传承的载体。色彩则能够直接影响人的情绪和心理，是文化情感表达的重要工具。

在中国的传统设计中，云纹、龙凤纹、莲花纹等图案，不仅具有装饰性，更蕴含着深厚的文化意义。如云纹象征着吉祥和变化，龙凤纹代表着权力和尊贵，莲花纹则寓意着纯洁和高雅。设计师通过创新的设计手法，如简化、变形、重组等，将这些传统纹样应用在现代设计中，既保留了传统韵味，又赋予了设计作品现代感。这种融合传统与现代的设计语言，使产品不仅具有文化底蕴，也符合现代审美趋势，增强了产品的市场竞争力。

色彩同样承载着丰富的文化信息。在中国文化中，红色象征着喜庆和热情，黄色代表着尊贵和光明，蓝色则常与宁静和深邃相联系。设计师在选择色彩时，

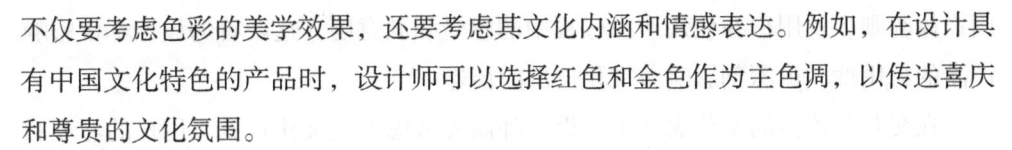

不仅要考虑色彩的美学效果，还要考虑其文化内涵和情感表达。例如，在设计具有中国文化特色的产品时，设计师可以选择红色和金色作为主色调，以传达喜庆和尊贵的文化氛围。

图案与色彩的文化表达，不仅在于视觉美感的创造，更在于通过设计语言传达文化的深层意义和情感价值。设计师在创作过程中，应深入研究文化符号的内涵和外延，通过创新的设计表达，有效地传递文化信息，增强设计作品的文化传播效果和社会影响力。

（二）功能设计中的文化表达

功能设计是设计作品实用性的体现，它通过产品的使用功能和用户体验，间接传递文化理念。设计师在功能设计中融入文化元素，能够使产品在满足基本使用需求的同时，传递更深层次的文化价值。

1.造型与结构的文化表达

在功能设计中，产品的造型与结构不仅是实现其基本使用功能的基础，更是文化理念的载体。造型设计涉及产品的外观轮廓、比例和细节处理，而结构设计则关系到产品的内部构造和组装方式。这两者在设计中的融合，能够有效地传递特定的文化价值观。

以宜家的家具设计为例，其造型通常采用简约的线条和几何形状，这种设计风格体现了北欧文化中对简洁、实用和自然美的追求。宜家家具的结构设计则强调模块化和可拆卸性，不仅便于运输和组装，也符合现代社会对保护环境和节约资源的重视。通过这种设计，宜家传递了一种对自然环境的尊重和对可持续生活方式的倡导。

在造型与结构的文化表达中，设计师需要深入理解目标文化的核心价值和审美取向，将这些元素融入产品的造型和结构设计中。例如，在设计面向东方市场的产品时，设计师可以采用更为圆润和谐的造型，以及注重细节和工艺的结构设计，以体现东方文化对和谐与精致的追求。这种设计不仅能够满足产品的实用性，也能够增强消费者对产品的文化认同感，从而提升产品的市场吸引力。

2.交互与体验的文化表达

随着科技的发展，产品的交互设计和用户体验已成为功能设计中不可或缺的部分，也成为文化表达的新平台。交互设计关注用户与产品之间的互动方式，而用户体验则涉及用户在使用产品过程中的感受和满意度。这两者的设计不仅影响产品的易用性，也深刻影响着文化价值的传递。

在交互与体验的文化表达中，设计师需要考虑不同文化背景下用户的习惯和期望，将这些因素融入交互设计和用户体验中。设计师应采用更为直观和符合目标人群习惯的交互方式，以及更加注重细节和情感连接的用户体验设计，以满足不同文化背景的用户对产品文化的需求。这种设计不仅能够提升产品的市场竞争力，也能够促进文化的交流和理解。

（三）情感表达与文化共鸣

设计的文化表达功能不仅限于视觉和功能层面，更深入到情感表达和文化共鸣的层面。设计师通过精心地设计，能够使产品与用户产生情感上的连接，引发更深层次的情感文化共鸣。

1. 色彩与造型的情感表达

在设计中，色彩与造型是情感表达的直接媒介，它们通过视觉刺激直接影响用户的情绪和心理状态。色彩不仅能够传达特定的文化意义，还能够激发用户的情感。例如，红色在中国文化中不仅象征着喜庆和热情，还与好运和繁荣紧密相关，因此在春节等传统节日的装饰和礼品设计中被广泛使用。而在西方文化中，蓝色常与宁静、信任和专业性相关联，因此在医疗和科技产品的设计中常被使用。设计师通过精心选择和搭配色彩，不仅能够强化产品的视觉吸引力，还能够深化产品的文化内涵和情感价值。

造型设计同样承载着情感表达的功能。产品的造型不仅关系到其功能性和美观性，还与用户的情感体验紧密相关。例如，圆润的造型常被认为具有亲和力和安全感，适合用于儿童产品和家居用品的设计；而锐利的造型则会传达出力量和现代感，适合用于科技和时尚产品的设计。设计师在造型设计中融入文化元素和情感考量，能够使产品在满足基本功能的同时，与用户建立情感上的连接，引发共鸣。

2. 文化元素的创新应用

在设计中创新中文化元素的应用，是实现文化共鸣和提升设计作品深度的重要途径。设计师通过对传统文化的深入研究和现代诠释，能够创造出既有文化底蕴又符合现代审美和功能需求的设计作品。这种创新不仅体现在对传统图案、符号和故事的重新解读和应用，还体现在对传统工艺和材料的现代转化。例如，设计师可以将中国传统的剪纸、书法或绘画等艺术形式融入现代产品设计中，通过现代设计语言和技术手段，使这些传统艺术形式焕发新的生命力。这种设计不仅能够唤起人们对传统文化的记忆和情感，还能够增强产品的文化特色和市场竞争力。同时，设计师还可以将传统工艺与现代材料和技术相结合，创造出既具有传统美感又符合现代生活方式的产品。

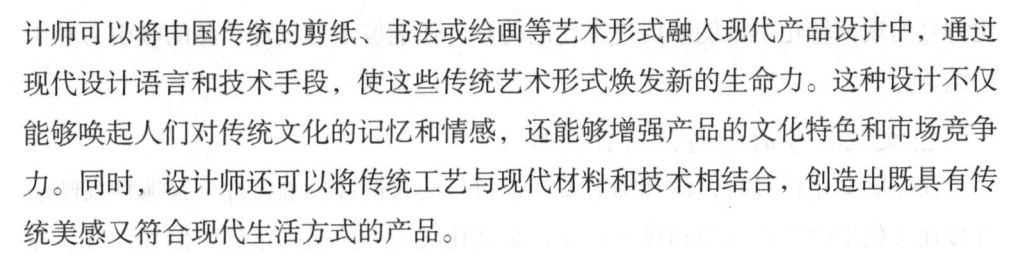

在文化元素的创新应用中，设计师需要具备跨文化的视野和创新思维，深入理解不同文化的内在价值和审美取向，并将这些以创新的方式融入设计中。这种设计方式不仅能够促进文化的传承和发展，还能够增强不同文化之间的交流和理解，实现设计的文化价值和社会价值的双重提升。

第三节　文化因素在设计过程中的考量和应用

一、文化符号的提取与转化

（一）文化符号的提取

1. 文化符号的识别与理解

文化符号的提取是一个复杂而精细的过程，它要求设计师具备深厚的跨学科知识背景，以便能够全面地识别和理解目标文化中的符号。设计师需要通过历史学、人类学、宗教学和艺术史等多学科的研究，深入探讨文化符号的来源、演变及其在社会生活中的作用。例如，在研究中国文化时，设计师应当深入挖掘古代文献中的记载，结合考古发现和民间传说，以及对传统艺术作品的分析，来识别和理解如龙、凤、祥云等传统图案的文化内涵和象征意义。这些符号不仅是历史的见证，也是中华文化和中华民族集体记忆的载体，它们在不同的历史时期和社会语境中承载着不同的含义和功能。

设计师在进行文化符号的识别与理解时，还需要关注符号在当代社会中的应用和转化。这要求设计师不仅要具备丰富的历史文化知识，还要有创新思维和批判性分析能力，以便在尊重传统的基础上，将文化符号转化为符合现代审美和功能需求的设计元素。例如，设计师可以通过现代设计手法重新诠释传统图案，使其在保持文化特色的同时，也能够满足现代消费者的审美和使用需求。这种对文化符号的现代转化不仅能够促进文化的传承，还能够增强设计作品的吸引力和市场竞争力。

2. 文化符号的普遍性与独特性

在提取文化符号时，设计师需要考虑符号的普遍性和独特性。普遍性反映了符号在文化中的广泛认知和接受程度，是文化交流和传播的基础。例如，红色在中国文化中具有普遍的象征意义，代表着喜庆、繁荣和好运，因此在设计中使用红色可以有效地传达这些文化价值。然而，设计师也需要关注符号的独特性，即符号在特定文化中的特殊地位和象征意义。例如，中国的龙和凤不仅是普遍认知的吉祥物，它们还具有独特的文化内涵和历史故事，反映了中华民族的精神追求和文化自信。

设计师在提取和应用文化符号时，需要识别那些既具有普遍认知又具有独特象征意义的符号，以便在设计中创造出既有广泛共鸣又具有文化特色的作品。这要求设计师不仅要了解文化符号的表面含义，还要深入挖掘其背后的文化故事和象征体系。通过这种方式，设计师可以在尊重文化传统的同时，创造出既有文化深度又具有现代感的文创产品，从而实现对文化符号的有效传播和创新应用。

3. 文化符号的时代性与现代性

文化符号的时代性与现代性是设计师在提取文化符号时必须考虑的重要因素。时代性指的是符号与特定历史时期的紧密关联，反映了文化符号在不同历史阶段的发展和变化。设计师需要识别那些具有历史深度的符号，理解它们在不同历史阶段中的含义和功能，以便在设计中恰当地运用这些符号，传达出文化的历史感和传统美。

而现代性则要求设计师将文化符号与当代社会和文化环境相适应。设计师应当具备敏锐的时代感知能力，能够识别那些既具有历史价值又能够与现代审美和功能需求相契合的符号。例如，设计师可以通过现代设计语言和技术手段，将传统图案转化为具有现代感的视觉元素，或者将传统工艺与现代材料和技术相结合，创造出既有文化底蕴又具有现代感的文创产品。

（二）文化符号的转化

1. 造型设计的创新表达

文化符号的转化首先体现在造型设计的创新表达上。这一过程要求设计师不仅对传统符号的造型特征有深刻的理解,还要具备将这些特征转化为现代设计语言的能力。造型设计是文化符号转化的重要手段,它涉及对符号形态的简化、抽象、夸张等处理手法。例如,设计师可以将传统的中国画元素进行简化,去除多余的细节,保留最核心的线条和形态,从而创造出既具有传统韵味又符合现代简约风格的设计作品。这种造型上的创新不仅是对传统文化的尊重,也是对现代审美趋势的适应。

在进行造型设计的创新表达时,设计师需要考虑到符号的多重含义和功能。一个文化符号往往承载着丰富的历史信息和文化情感,设计师在对这些符号进行创新表达时,需要确保新的造型设计能够保留并传达出这些深层次的文化价值。例如,在设计中使用龙这一传统符号时,设计师不仅要考虑其造型的美感,还要考虑其在中国文化中的象征意义,如权力、尊贵和吉祥。通过造型设计的创新,设计师可以使这些传统符号在现代设计中焕发新的生命力,同时保持其文化内涵的完整性。此外,造型设计的创新表达还需要考虑到符号在不同文化语境中的适应性。随着全球化的发展,文化交流日益频繁,设计师在进行文化符号的创新表达时,需要考虑到目标受众的文化背景和审美习惯。这要求设计师具有跨文化的视野,能够在尊重传统的基础上,创造出能够跨越文化界限的设计作品。通过这种方式,造型设计的创新表达不仅能够促进文化的传承,还能够推动文化的交流和融合。

2. 色彩搭配的文化创新

色彩搭配是文化符号转化的另一个关键方面。色彩不仅是视觉设计中的基本元素,也是文化表达的重要手段。设计师在转化文化符号时,需要根据现代设计的色彩理论和目标市场的审美偏好,对文化符号进行色彩上的创新。例如,将传统的红色与现代的灰色或白色相结合,创造出既具有中国文化特色又符合现代审美的色彩方案。这种色彩搭配的创新不仅能够增强设计作品的视觉冲击力,还能够传达出特定的文化情感和价值观念。

在进行色彩搭配的文化创新时,设计师需要深入理解不同文化中色彩的象征意义。例如,在中国文化中,红色象征着喜庆、繁荣和好运,而在西方文化中,红色可能更多地与激情和危险联系在一起。设计师在进行文化符号转化时,需要考虑到这些文化差异,以确保色彩搭配既能够传达出文化符号的原有意义,又能够与目标受众的文化背景相契合。此外,色彩搭配的文化创新还需要考虑到色彩

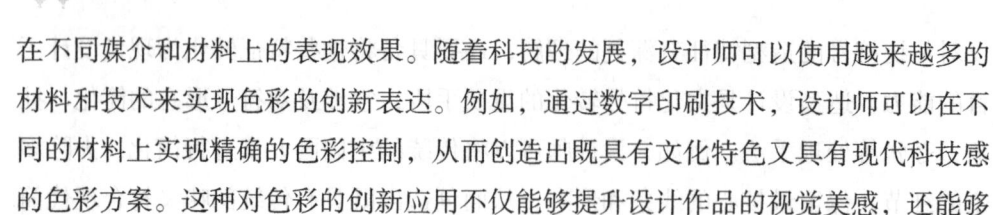

在不同媒介和材料上的表现效果。随着科技的发展，设计师可以使用越来越多的材料和技术来实现色彩的创新表达。例如，通过数字印刷技术，设计师可以在不同的材料上实现精确的色彩控制，从而创造出既具有文化特色又具有现代科技感的色彩方案。这种对色彩的创新应用不仅能够提升设计作品的视觉美感，还能够增强其文化传播的效果。

3. 材料选择与工艺创新

材料选择和工艺创新是实现文化符号转化的物质基础。设计师在文化符号转化时，需要探索新的材料和技术，以实现文化符号在现代产品中的有效应用。例如，将传统的陶瓷工艺与现代的3D打印技术相结合，创造出既具有传统工艺美感又具有现代科技感的文创产品。这种材料和工艺的创新不仅能够保持文化符号的传统特色，还能够体现现代科技的进步。

在进行材料选择和工艺创新时，设计师需要考虑到材料的可持续性和环保性。随着社会环境保护意识的提高，设计师在选择材料时，需要考虑到其对环境的影响，以及是否能够循环利用。例如，设计师可以选择可降解的材料来制作文创产品，或者采用节能减排的工艺技术，以减少对环境的负面影响。这种对材料和工艺的可持续性考虑不仅符合现代社会的价值观，也能够体现设计作品的社会责任感。此外，材料选择和工艺创新还需要考虑到文化符号在不同类型产品中的适应性。设计师在转化文化符号时，需要根据产品的功能和使用场景，选择合适的材料和工艺。例如，在设计家居用品时，设计师可以选择耐用且易于清洁的材料，而在设计艺术品时，则会更注重材料的质感及自身表现力。通过这种方式，材料和工艺的创新不仅能够提升产品的实用性和美观性，还能够增强其文化表达的效果。

二、文化故事的演绎与再现

（一）文化故事的演绎

1. 文化故事资源的梳理与分析

对文化故事资源的梳理与分析是文化故事演绎中至关重要的第一步。这一过程要求设计师不仅要有扎实的文化基础，还要具备对文化故事进行深入挖掘和系统解读的能力。设计师需要通过广泛阅读、田野调查、文献研究等多种方式，对目标文化的历史背景、社会环境、价值观念等进行全面了解。例如，在梳理中国

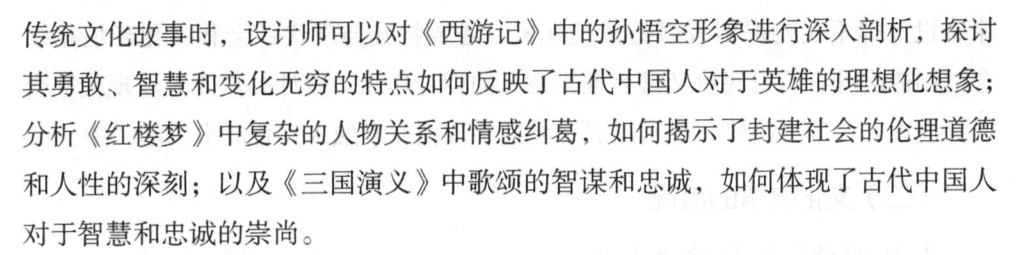

传统文化故事时，设计师可以对《西游记》中的孙悟空形象进行深入剖析，探讨其勇敢、智慧和变化无穷的特点如何反映了古代中国人对于英雄的理想化想象；分析《红楼梦》中复杂的人物关系和情感纠葛，如何揭示了封建社会的伦理道德和人性的深刻；以及《三国演义》中歌颂的智谋和忠诚，如何体现了古代中国人对于智慧和忠诚的崇尚。

通过对这些故事元素的细致分析，设计师能够提炼出具有代表性和辨识度的设计元素。这些元素不仅是文化故事的视觉表现，更是文化精神和价值观念的载体。设计师在梳理和分析文化故事资源时，还需要关注故事的多样性和复杂性，避免单一化和表面化的解读。例如，对于《西游记》中的孙悟空，设计师不仅要关注其英雄形象，还要探讨其在不同情节中的角色转变，以及这些转变背后的文化意义。通过这种深入的分析，设计师能够为后续的设计工作奠定坚实的基础，确保设计作品既忠实于原故事，又能够在现代语境中与受众产生共鸣。

2. 设计手法的运用

在演绎文化故事的过程中，设计师需要灵活运用多种设计手法，创造出既有文化深度又具有现代感的设计作品。

叙事设计是一种常见的设计手法，它通过设计元素来讲述故事，使消费者在接触产品时能够感受到故事的连贯性和生动性。例如，设计师可以通过图案、色彩和形态等再现故事情节，让消费者在欣赏产品的同时，仿佛置身于故事之中，体验故事的情感和氛围。

象征设计则是通过设计元素来传达故事中的象征意义。设计师可以使用特定的符号或图案来表达故事中的主题或情感，增强产品的文化内涵和情感表达。例如，设计师可以将《红楼梦》中的"金陵十二钗"作为设计元素，通过不同的图案和色彩来表现不同角色的性格和命运，使产品不仅具有使用功能，还能成为文化和情感传递的载体。

隐喻设计是一种更为抽象和深层次的设计手法。它通过设计元素来暗示故事中的深层含义，如通过产品的形态或功能来隐喻故事中的道德或哲理。例如，设计师可以将《三国演义》中的"赤壁之战"作为设计灵感，通过产品的形态来表现战争的激烈和智谋的较量，使产品成为文化和智慧的象征。

3. 故事的现代性与时代感

在进行文化故事的演绎时，设计师还需要考虑故事的现代性和时代感。这意味着设计师不仅要保留故事的传统元素，还要将其与现代社会和文化环境相结合，创造出既有历史底蕴又具有现实意义的设计作品。设计师需要关注现代社会的价值观念、审美趋势和技术发展，将这些现代元素融入文化故事的演绎中。

（二）文化故事的再现

1. 图案设计的视觉化表达

图案设计在文化故事的再现中扮演着至关重要的角色，它是将抽象的故事元素转化为具体视觉符号的过程。设计师在这一过程中需要深入挖掘故事的文化内涵，通过精心的构图和色彩搭配，将故事中的场景、人物或象征性元素转化为具有强烈视觉冲击力的图案。这些图案不仅是装饰性的元素，还承载着丰富的文化信息和情感价值，成为产品的文化标识和市场识别的重要依据。

例如，在设计《西游记》主题的产品时，设计师可以选择孙悟空这一标志性角色，通过对其形象的细致描绘和动态表现，创造出既具传统韵味又符合现代审美的图案。这些图案可以运用在服装、家居用品、文具等多种产品上，使消费者在日常生活中感受到故事的魅力。设计师在创作过程中，还需要考虑到图案的多样性和适应性，确保它们能够跨越不同的产品和市场，始终保持其文化识别度和吸引力。此外，图案设计还涉及对文化符号的现代诠释。设计师需要将传统的故事元素与现代设计语言相结合，创造出既有历史深度又具有现代感的图案。图案设计不仅要尊重原故事的文化背景，还要考虑到现代消费者的审美需求和生活方式，实现文化的传承与创新。通过这种方式，图案设计不仅能够增强产品的文化内涵，还能够提升产品的市场竞争力，为消费者提供更加丰富和有意义的产品体验。

2. 造型设计的文化特征体现

造型设计是文化故事再现的另一个关键环节，它通过产品的形态、结构和功能来体现故事中的重要元素。设计师在这一过程中需要深入理解故事的文化特征，并将这些特征转化为具体的设计语言，创造出既具有文化特色又符合功能需求的产品。造型设计不仅要考虑到产品的实用性，还要注重其文化表达和情感传递。例如，在设计《红楼梦》主题的产品时，设计师可以通过对人物形象的深入分析，将故事中的主要人物形象转化为产品的造型设计。造型设计可以通过产品的线条、曲面和比例来表现故事情节和人物形象，使产品在视觉上具有独特的文化特征。同时，设计师还可以通过材质的选择和工艺的处理，进一步增强产品的文化内涵和情感价值。

3. 包装设计的故事性与趣味性

包装设计在文化故事的再现中同样占据着重要的地位，它是将故事的情节和背景展现在消费者面前的重要手段。设计师在这一过程中需要通过对包装的视觉元素和结构进行设计，将故事的情节和背景转化为具体的包装形式，增强产品的故事性和趣味性。包装设计不仅要考虑到包装的实用性和美观性，还要注重其文化表达和情感传递。例如，在设计《三国演义》主题的产品时，设计师可以通过包装的图案、色彩和形态来表现故事情节，使消费者在购买和使用产品的过程中，体验到故事的文化魅力并产生情感共鸣。同时，设计师还可以通过包装的互动性和趣味性，进一步增强产品的吸引力和市场竞争力。

三、文化情感的传递与共鸣

（一）文化情感的传递在文创产品设计中的重要性

文化情感的传递是文创产品设计中的核心要素之一，它涉及如何将文化符号和文化故事转化为消费者能够感知和体验的情感表达。这一过程不仅是视觉或触觉上的呈现，更是心理和情感上的共鸣。设计师在创作过程中，需要深入挖掘文化内涵，将其转化为具体的设计元素，以此来触动消费者的情感。

1. 文化元素的情感表达

在文创产品设计中，文化元素的情感表达是连接文化与审美的桥梁。设计师通过对文化元素的深入挖掘和创新转化，不仅能够展现文化的独特魅力，还能够激发消费者的情感共鸣。例如，在设计中国风的文创产品时，设计师需要深入理解中国文化的深层含义，如"天人合一"的哲学思想、"和谐共生"的社会理念以及"精致细腻"的审美追求。通过对这些文化理念的诠释，设计师可以将传统的文化符号如山水、花鸟、书法等元素，融入产品的造型、色彩和纹理中，创造出既具有传统文化韵味又符合现代审美的设计作品。

在色彩运用上，设计师可以巧妙地使用中国传统色彩，如红色和金色以传达喜庆和欢乐的情感。在图案设计上，设计师可以采用中国传统的吉祥图案，如龙凤、莲花和寿字，来表达吉祥如意和健康长寿的美好愿望。在材料选择上，设计师可以选用具有中国特色的材料，如丝绸、竹子和陶瓷，来体现中国文化的精致和自然。通过这些设计手法，文创产品不仅能够传递文化的情感，还能够成为消费者情感体验的载体，增强产品的文化价值和市场竞争力。

2. 用户体验与情感共鸣

消费者的真实体验与情感共鸣是文创产品设计中不可或缺的一环。设计师在考虑文化元素的同时，必须关注产品的实用性和舒适性，以及如何通过设计细节来增强消费者与产品之间的情感联系。在家居产品设计中，设计师可以通过选择温暖的色调和人性化的功能设计，营造出温馨和谐的家居氛围。例如，设计师可以设计一款以中国传统窗花为灵感的灯具，通过光影的变化，营造出宁静而温馨的家居环境，使消费者在使用过程中感受到家的温暖和文化的韵味。在文具产品设计中，设计师可以通过创意的图案和色彩，激发消费者的创造力和愉悦感。例如，设计师可以设计一系列以中国古代文人墨客生活为灵感的笔记本，通过精美的插画和诗意的文字，让消费者在使用过程中感受到文化的熏陶和创作的乐趣。这些设计细节不仅能够提升产品的审美价值，还能够增强消费者的情感体验，使文创产品成为消费者情感世界的一部分。

（二）文化情感的共鸣在文创产品设计中的实践

文化情感的共鸣是指消费者在使用文创产品时，能够感受到产品所传递的文化情感，并产生情感上的共鸣。这一过程要求设计师不仅要关注产品的设计，还要考虑产品与消费者之间的互动和情感交流。

1. 产品功能与情感互动

在文创产品设计中，产品功能与情感互动的结合是实现文化情感共鸣的关键。设计师需要深入理解目标受众的使用需求和情感需求，并将产品的功能性与情感表达有机融合。例如，在设计儿童玩具时，设计师不仅要考虑玩具的娱乐性和教育性，还要通过增加玩具的互动性，如与音乐节奏同步的灯光效果、模拟动物叫声的声控装置或是能够激发想象力的角色扮演道具，来吸引儿童的注意力，并激发他们的好奇心和探索欲。这种互动设计不仅能够丰富玩具的娱乐性，还能够促进儿童的情感发展，培养儿童的同理心、合作精神和创造力。此外，设计师还可以通过故事化的设计手法，将文化故事和传统元素融入玩具的功能设计中，使儿童在玩耍的同时，能够接触和理解不同的文化背景。例如，设计一款以中国传统节日为主题的拼图游戏，通过拼图的过程，儿童不仅能够学习到节日的历史

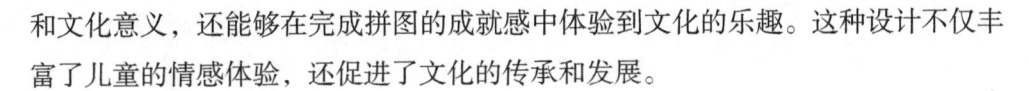

和文化意义，还能够在完成拼图的成就感中体验到文化的乐趣。这种设计不仅丰富了儿童的情感体验，还促进了文化的传承和发展。

2. 个性化设计与情感共鸣

个性化设计在文创产品设计中扮演着至关重要的角色，它能够满足消费者对个性化表达的需求，从而产生更深的情感共鸣。设计师在考虑个性化设计时，需要深入分析目标受众的个性特征、生活方式和情感偏好，并将这些因素融入产品的设计之中。例如，在设计礼品时，设计师可以通过定制化的包装设计、个性化的图案和文字，来表达送礼者的情感和祝福。这种个性化设计不仅能够增加礼物的独特性，还能够增强送礼和收礼双方之间的情感联系，使礼物成为情感交流的媒介。

在个性化设计中，设计师还可以利用数字技术，如3D打印和个性化定制平台，来实现产品的个性化生产。消费者可以通过在线平台选择自己喜欢的图案、颜色和材料，甚至可以上传自己的设计，定制独一无二的文创产品。这种个性化服务不仅满足了消费者的个性化需求，还增强了消费者与产品之间的情感联系，提升了产品的附加值和市场竞争力。

第四章 文创产品设计理论

第一节 设计原理和方法论

一、设计思维

(一)设计思维的定义与重要性

设计思维,作为一种创新的方法论,其核心在于将人的需求置于设计过程的中心位置。这种思维模式不仅是一种工具或技巧,更是一种深刻的哲学,一种对人类行为和情感的深刻理解。在文创产品设计领域,设计思维的重要性不言而喻。它要求设计师不仅要关注产品的功能性和美学,更要深入探索产品的文化底蕴,要将传统文化的精髓与现代设计理念相融合,创造出既承载历史记忆又符合现代审美的产品。

以中国传统文化为例,设计思维在文创产品设计中的应用可以体现在对传统文化元素的现代诠释上。比如,设计师通过对传统书法艺术的深入研究,将其融入现代家居设计中,创造出既有中国传统美学特色又符合现代生活需求的家居产品。这种设计不仅是形式上的模仿,更是对传统文化的深刻理解与创新表达。设计师通过对书法艺术的笔触、结构、意境的分析,将其转化为现代设计的语言,使传统艺术在现代生活中焕发新的生命力。

设计思维的另一个重要方面是其跨学科的特性。在文创产品设计中,设计师需要结合人类学、社会学、心理学等多个学科的知识,来全面理解用户的需求。例如,通过对不同文化背景下人们生活方式的研究,设计师可以创造出更符合特定文化群体需求的产品。这种跨学科的整合不仅丰富了设计的内容,也提高了设计的深度和广度。此外,设计思维还强调实验性和迭代性。在文创产品设计过程中,设计师需要不断地进行原型制作和用户测试,通过反馈来不断优化设计。这种实验性的设计过程可以帮助设计师更好地理解用户的需求，同时也能够激发更多的创新想法。例如，在设计一款结合传统手工艺与现代科技的文创产品时，设计师可能会制作多个原型，再通过用户反馈来调整设计，最终找到最佳的设计方案。

设计思维的实践不仅局限于产品设计，也可以应用于服务设计、体验设计等多个领域。在服务设计中，设计思维可以帮助设计师理解用户对服务过程的体验，从而设计出更加人性化的服务流程。在体验设计中，设计思维则可以帮助设计师创造出更加丰富和有意义的体验，使用户在与产品或服务的互动中获得更深层次的满足。

二、设计流程

（一）设计流程的阶段划分

设计流程是文创产品设计中的关键环节，它涉及从概念构思到产品实现的整个过程。一个完整的设计流程通常包括以下阶段：

1. 市场调研

市场调研是设计流程的起点，它要求设计师深入目标市场，进行全面而细致的调研和分析。这一阶段，设计师需要通过问卷调查、深度访谈、竞品分析等方法，收集和整理消费者的需求、偏好以及文化背景。市场调研不仅要关注消费者的显性需求，更要注重挖掘其潜在需求和文化价值。市场调研的结果将为后续的概念开发提供坚实的基础，确保设计方向与市场需求紧密相连。

2. 概念开发

概念开发是将市场调研中获得的信息转化为具体设计概念的过程。设计师需要运用创意思维，将文化故事、文化符号和文化元素转化为可视化的设计方案。在这一阶段，草图、故事板和概念模型等工具被广泛使用，以帮助设计师和团队成员清晰地表达和沟通设计想法。概念开发不仅是创意的展现，更是对文化内涵的深度挖掘。概念开发的成功与否，直接关系到产品最终能否在市场上获得成功。

3. 设计细化

设计细化是对概念开发的深化和完善。在这一阶段，设计师需要对产品的形态、结构、功能等进行详细规划。设计师不仅要考虑产品的外观美感，还要确保产品的可用性、实用性和耐用性。设计细化包括对材料的选择、工艺的确定以及成本的控制。例如，设计师可选择一种既环保又具有良好触感的材料，以满足现代消费者对可持续发展的追求。设计细化的过程是复杂而细致的，它要求设计师具备高度专业的知识和技能。

4. 原型制作

原型制作是将设计细化后的方案转化为实物模型的过程。在这一阶段，设计师需要与工程师、工匠等专业人员紧密合作，确保原型的精确性和实用性。原型不仅是对设计方案的物理呈现，更是对设计细节的检验。通过原型，设计师可以直观地感受到产品的尺寸、比例和质感，从而对设计进行进一步的调整和优化。原型制作是设计流程中的一个重要环节，为后续的用户测试提供了基础。

5. 用户测试

用户测试是通过目标用户对产品的实际使用来评估设计的有效性。设计师需要收集用户的反馈，包括对产品的外观、功能、易用性等方面的评价。用户测试不仅是对产品设计的验证，更是对用户需求的再次确认。例如，设计师可能会发现用户对产品的某项功能有不同的使用习惯，这就需要设计师对设计进行相应的调整。用户测试的结果将为产品的最终生产提供重要的参考。

6. 产品生产

产品生产是将经过用户测试和优化后的设计方案转化为实际产品的过程。在这一阶段，设计师需要与生产团队紧密合作，确保产品的质量。设计师需要关注生产过程中的每一个细节，包括材料的选择、工艺的执行、质量的控制等。产品生产不仅是对设计方案的实现，更是对品牌承诺的兑现。设计师需要确保最终产品能够满足消费者的期望，同时传达出品牌的文化价值。

（二）设计流程中的文化元素融入

在文创产品设计流程中，文化元素的融入是一项复杂而精妙的工作，它要求设计师不仅要有深厚的文化底蕴，还要具备敏锐的市场洞察力和创新的设计思维。文化元素的融入不是简单的符号堆砌，而是对文化内涵的深刻理解和创造性转化。

1. 市场调研与文化洞察

市场调研阶段，设计师的首要任务是深入了解目标市场的文化背景和消费者的心理需求。这一过程不仅涉及对文化现象的观察，还包括对文化价值观、信

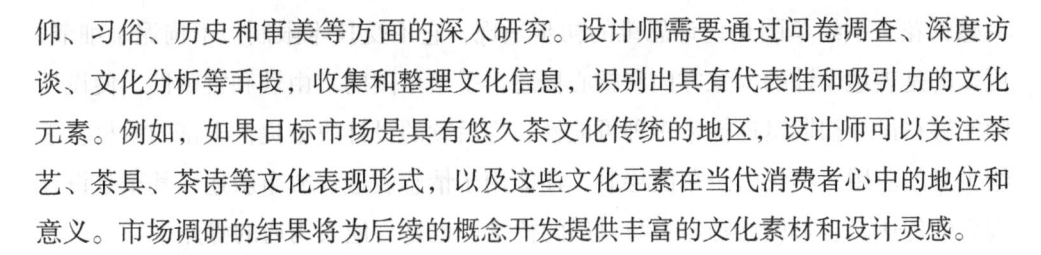

仰、习俗、历史和审美等方面的深入研究。设计师需要通过问卷调查、深度访谈、文化分析等手段，收集和整理文化信息，识别出具有代表性和吸引力的文化元素。例如，如果目标市场是具有悠久茶文化传统的地区，设计师可以关注茶艺、茶具、茶诗等文化表现形式，以及这些文化元素在当代消费者心中的地位和意义。市场调研的结果将为后续的概念开发提供丰富的文化素材和设计灵感。

2. 概念开发与文化转化

概念开发阶段，设计师的任务是将市场调研中获得的文化元素转化为具体的设计概念。这一过程要求设计师运用创意思维，将文化故事、文化符号和文化元素转化为可视化的设计方案。设计师需要通过草图、故事板、概念模型等工具，将抽象的文化内涵转化为具象的设计语言。

3. 设计细化与文化整合

设计细化阶段，设计师需要对产品的造型、结构、功能等进行详细规划，并确保文化元素被准确地表达和整合到产品设计中。这一过程不仅要求设计师对文化元素有深刻的理解，还要求设计师具备将文化元素与现代设计原则相结合的能力。设计师需要考虑如何通过材料的选择、色彩的搭配、图案的设计等手段，来强化产品的文化特色。例如，设计师可选择一种具有文化象征意义的材料，或者设计一种能够唤起文化记忆的图案，以此来增强产品的文化内涵。设计细化的过程是复杂而细致的，它要求设计师在进行设计创新的同时，保持文化的原真性。

三、设计工具

（一）设计工具的种类与应用

在文创产品的设计中，设计工具发挥着十分重要的作用，它们是创意的载体，是思维的延伸，是实现设计愿景的桥梁。设计工具的种类繁多，每一种都有其独特的功能和应用场景，它们共同构成了设计师的工具箱，为设计师提供了从概念构思到产品实现的全面支持。

设计工具是文创产品设计中不可或缺的部分，它们帮助设计师将设计思维和设计流程转化为具体的设计作品。常用的设计工具包括：

1. 手绘工具

手绘工具不仅是创意的起点，还是设计师最原始、最直接的表达方式。铅笔、马克笔、素描本等工具，它们简单而纯粹，却能让设计师快速捕捉脑海中的灵感火花。手绘草图是设计思维的初步呈现，它不受技术限制，不拘泥于细节，更多的是表达设计的大致方向和核心概念。手绘草图的自由性和直观性，使设计师能够在设计初期迅速探索多种可能性，为后续的设计决策提供丰富的素材。手绘工具的应用，不仅限于草图绘制，还能用于情感表达、故事叙述，甚至是设计理念的传达，它是设计师与自我对话的桥梁，也是与他人沟通的媒介。

2.CAD（计算机辅助设计软件）

随着科技的发展，CAD 软件成为设计师不可或缺的工具。CAD 是一种用于创建、修改和优化设计的软件工具。它可以在计算机上生成 2D 或 3D 图形，并帮助设计师进行各种工程和制造过程中的设计。CAD 软件的应用，极大地提高了设计的精确度和效率，使设计师能够将手绘草图中的概念转化为精确的设计图纸，为产品的生产提供可靠的技术支持。CAD 软件的普及，也推动了设计流程的标准化和工业化，使设计成果能够更好地适应大规模生产的需求。

3. 图像处理和绘画软件

图像处理和绘画软件如 Adobe Photoshop、Adobe Illustrator 等，提供了强大的图像处理和矢量绘图功能，使设计师能够进行精细的图形设计和版面布局。

4. 三维建模软件

三维建模软件如 3ds Max 和 Maya，它们使设计师成为虚拟世界的创造者。这些软件提供了高级的建模、渲染和动画功能，使设计师能够创建出逼真的产品模型，从而进行虚拟的产品展示和用户体验测试。三维建模软件的应用，不仅限于产品设计，还能用于环境设计、动画制作、游戏开发等多个领域。通过对这些软件的使用，设计师能够预见产品的最终效果，进行设计方案的优化和调整，确保设计理念在物理世界中的完美呈现。三维建模软件的发展，也促进了 VR 和 AR 技术的应用，为设计师提供了全新的展示和交互方式。

5. 原型制作工具

原型制作工具如 3D 打印机和激光切割机，是设计师将虚拟设计转化为实物的重要工具。3D 打印技术能够将三维模型快速转化为实体模型，使设计师能够直观地感受产品的形态和结构，并进行实际的用户体验和反馈收集。激光切割机则能够精确地切割材料，制作出复杂的原型部件，为产品的原型制作提供高效的手段。通过原型制作工具的应用，能够极大缩短从设计到生产的时间周期，降低产品开发的成本，提高设计的可行性和成功率。原型制作工具的普及，也推动了快速成型技术的发展，使设计师能够快速迭代设计，更好地满足市场的需求。

（二）设计工具在文创产品设计中的作用

在文创产品设计中，手绘工具的作用不仅在于快速捕捉创意，更在于传达文化元素。设计师通过手绘，能够将文化内涵以视觉化的形式展现出来，使文创产品在视觉上具有独特的文化标识，从而在市场中脱颖而出。

随着设计进程的深入，CAD软件、图像处理和绘画软件以及三维建模软件等成为设计师实现精确设计的得力助手，极大地提高了设计的精确度和效率。设计师能够将手绘草图中的概念转化为精确的设计图纸，为产品的生产提供了可靠的技术支持。同时，这些软件也使设计师能够更加深入地挖掘文化元素，将文化故事、历史背景、传统技艺等融入产品设计之中，使文创产品不仅在形态上具有美感，更在内涵上具有文化深度。

第二节　文化符号的解读

一、文化符号的识别

（一）文化符号识别的重要性与方法

文化符号的识别在文创产品设计中占据着举足轻重的地位。它不仅是设计师与文化传统对话的起点，也是创意灵感与文化内涵交融的桥梁。文化符号，作为文化传承的载体，蕴含着丰富的历史信息和文化价值，是连接过去与现在的桥梁。设计师在进行文化符号的识别时，需要进行深入的文化背景研究，包括对历史文献的查阅、艺术作品的分析、民间传说的挖掘等多方面的努力。

设计师通过阅读历史文献、参观博物馆、访问文化遗址等方式，收集文化符号的第一手资料。这些资料不仅包括符号的视觉形态，如图案、色彩、造型等，还包括符号的象征意义，如吉祥、权力、智慧等。例如，在识别中国文化中的"莲花"符号时，设计师需要了解莲花在中国传统文化中的象征意义，它代表着纯洁、高雅和清廉。设计师还需要考查莲花在不同历史时期的艺术表现形式，如在宋代瓷器上的描绘、在明清建筑装饰中的应用等，以便全面理解莲花符号的文化内涵。

文化符号的识别不仅是对符号本身的理解，更是对符号所承载的文化故事和价值的挖掘。在这个过程中，设计师需要具备跨学科的知识储备，能够将历史学、艺术学、民俗学等领域的知识融会贯通，从而准确地识别和理解文化符号。

（二）文化符号识别的实践与案例分析

在文化符号识别的实践中，设计师需要运用多种方法和技巧，以确保对文化符号的准确理解和有效应用。这些方法包括但不限于文献研究、田野调查、口述历史记录、艺术作品分析等。设计师通过这些方法，可以深入挖掘文化符号背后的故事和文化内涵，理解其在不同历史时期和社会环境中的演变和意义。

以我国传统文化中的"龙"符号（图4-1）为例，设计师在识别这一文化符号时，需要从多个维度进行考察。首先，从文献研究的角度，设计师可以查阅《山海经》《史记》等古籍，了解龙在中国古代神话和历史中的形象和作用。其次，从艺术作品分析的角度，设计师可以研究不同时期的龙纹装饰，如商周青铜器上的龙纹、汉代画像石中的龙形、明清宫廷艺术中的龙图案等，分析龙在不同艺术形式中的表现手法和象征意义。最后，从田野调查的角度，设计师可以深入民间，了解舞龙、赛龙舟等民俗活动，感受龙在民间文化中的生命力和影响力。

图4-1 "龙"符号

通过运用这些实践方法，设计师不仅能够识别和理解文化符号，还能够将

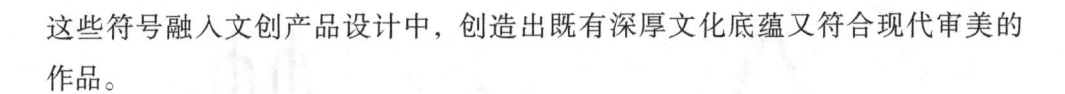

这些符号融入文创产品设计中，创造出既有深厚文化底蕴又符合现代审美的作品。

二、文化符号的解读

（一）文化符号解读的理论基础与方法论

文化符号解读的理论基础涉及符号学、文化学、历史学、社会学等多个学科领域。符号学为文化符号的解读提供了理论框架，它认为符号是意义的载体，通过符号的组合和转换，人们可以表达和传递复杂的思想和情感。文化学则强调文化符号在特定文化语境中的意义和功能，它认为文化符号是文化传承和创新的重要媒介。历史学关注文化符号在历史长河中的演变，它通过研究历史文献和考古发现，揭示文化符号的历史脉络和文化内涵。社会学则从社会结构和功能的角度分析文化符号，探讨文化符号在社会互动中的作用和影响。

在方法论上，文化符号的解读需要采用多维度的分析方法。首先，历史分析法是基础，它要求设计师深入研究文化符号的历史背景，理解其在不同历史时期的象征意义和功能。其次，文化语境分析法是关键，它要求设计师将文化符号置于特定的文化语境中，分析其在文化传承和创新中的作用。再次，社会功能分析法是补充，它要求设计师考查文化符号在现代社会中的接受度和影响力，理解其在当代文化中的意义。最后，创新设计法要求设计师将文化符号与现代设计元素相结合，创造出既具有传统韵味又符合现代审美的文创产品。

（二）文化符号解读的实践案例与分析

在文化符号解读的实践中，设计师需要运用理论知识和方法论，结合具体的文化符号，进行深入分析和创新设计。以下以中国传统文化中的"竹"字符号为例，探讨文化符号解读的实践过程。

1. 从历史角度出发

从历史的角度审视"竹"字的形态演变（图4-2）及其内涵的深化，为我们提供了一个独特的视角来理解中国文化的演变。

甲骨文　　　　金文　　　　小篆

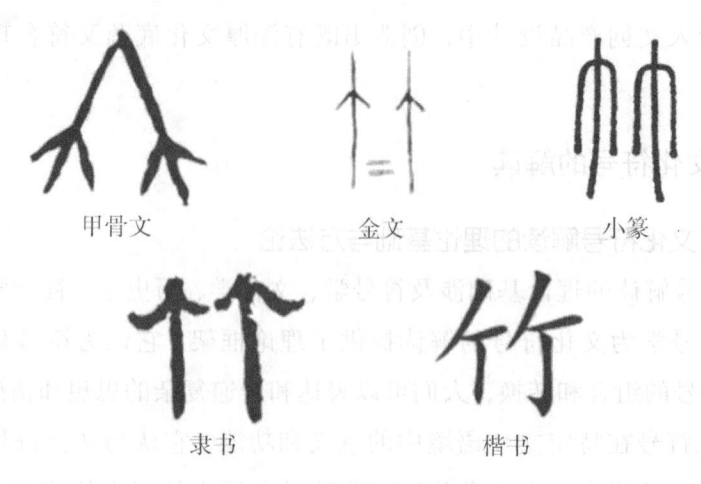

隶书　　　　楷书

图 4-2　"竹"字的演变

（1）"竹"字形态的演变历程

在距今约 7000 年前的河姆渡遗址中，竹子的实物被发现，这揭示了竹与人类生活的紧密联系，也预示了"竹"字的出现和演变。竹字最早见于甲骨文，其形态在不同历史时期有所变化，包括甲骨文、金文、战国文字、篆文、隶书和楷书等。这些形态均基于竹子的实际形象进行创造，体现了竹子作为禾本科植物的特征。甲骨文中的"竹"字形似由枝条连接的竹叶，上为两根枝条，下有三片竹叶，形象地描绘了竹子的外观。金文中的"竹"字形去除了上部的枝条，突出显示了下部的茎干和竹节，形似两株并排的竹子。小篆中的"竹"字保持了这种下部茎干的形态，并逐渐简化。隶书中的"竹"字形态有所变化，而楷书中的"竹"字则进一步偏离了原始形态，并沿用至今。从甲骨文到楷书的演变过程中，"竹"字的形态始终抽象地表现了两株并列的竹子，顶部带有下垂的叶片，这与竹子的实际形态高度吻合。

（2）"竹"字释义的演变历程

《说文解字》中对"竹"的定义为："冬生草也，象形，下垂者，箁箬也。"这表明竹子是一种在冬季生长且不易凋谢的植物。《康熙字典》中，"竹"字的释义更为丰富，不仅指禾本科植物——竹子，还涵盖了中国古代乐器八音之一的箫笛类竹制乐器、另外还指竹简、竹帛、竹醉日、地名、官名、姓氏、草名、花药名、菜名、果名、酒名、鱼名等。在现代汉语词典中，"竹"的释义与古代相近，主要指禾本科竹属的多年生草本植物及竹制用器。

（3）"竹"字内涵的演变历程

中国文人墨客对竹子的高尚品质有着深厚的喜爱，这种情感促进了竹文化的形成与发展，使竹子成为一种精神象征。竹子的形态特征和生态习性引发了人们的情感共鸣。从形态上看，大多数竹子的茎是空心的，象征着"虚心"的品质；竹茎上的节体现了"有节"的美德，赋予了竹子君子般的品格。从质地来看，竹茎的韧性被赋予了坚韧不拔的意志品质。从生态习性来看，竹子的生命力顽强，具有韧劲，因此也被赋予了顽强不屈的品格。自古以来，咏竹的诗画作品众多，如南朝刘孝先的"无人赏高节，徒自抱贞心"，赞美了竹子的高洁和忠贞；清朝郑燮的"千磨万击还坚劲，任尔东西南北风"，歌颂了竹子的坚韧；北宋苏轼的《潇湘竹石图》和元朝倪瓒的《修竹图轴》等绘画作品也是对竹子的赞颂。此外，清朝的红顶盐商黄至筠在困境中受到竹品性的熏陶，建造了以竹为特色的个园，成为后世传颂的佳话。在中国革命历史中，"竹"文化也受到革命先辈的喜爱，如方志敏烈士的《咏竹》："雪压竹头低，低下欲沾泥。一朝红日升，依旧与天齐。"就体现了竹子坚韧不屈的品格。无数志士仁人视竹为君子，以竹的精神品质寄托自己的志向，共同铸就了中国灿烂的竹文化。

2. 从创新设计的角度出发

（1）"竹"字的创新运用

在当代设计领域，"竹"字形的创新运用不仅是对传统文化的传承，更是对现代审美的挑战与探索。设计师通过对"竹"字的重新解读和创造性转化，赋予其新的生命力和时代特征。例如，在平面设计中，设计师可以结合现代图形设计理念，将"竹"字进行抽象化处理，使其既保留传统韵味，又融入现代简约风格。在产品设计中，"竹"字可以被巧妙地运用在包装设计、标志设计等方面，通过与现代材料和工艺的结合，展现出独特的视觉效果和实用功能。此外，"竹"字的创新运用还可以扩展到数字媒体设计中，如在网页设计、移动应用UI（界面）设计中，通过动态效果和交互设计，使"竹"字在虚拟空间中焕发新的活力。

（2）"竹"本体的创意使用

竹子作为一种独特的自然材料，将其运用在现代设计中具有无限的创意可能。在景观设计中，设计师可以通过选择不同品种的竹子，如毛竹、佛肚竹等，创造出多样化的视觉效果和空间体验。在室内设计中，竹材料可以与现代家居风格相结合，创造出既环保又具有东方韵味的居住空间。在产品设计中，竹材料的创新运用更是层出不穷，如竹纤维的提取和加工，可以用于制作服装、家居用品等。此外，竹子还可以与其他材料如金属、玻璃等结合，创造出新颖的设计作品，如竹编与金属结合的灯具，既展现了竹子的自然美，又体现了现代工业设计的精致感。

（3）"竹"意蕴的传承发展

"竹"意蕴的传承与发展是竹文化创新的核心。在当代社会，对"竹"意蕴的深入挖掘和传播，不仅是对传统文化的传承，更是对现代人精神需求的回应。在文化产业中，设计师和艺术家将"竹"意蕴融入作品中，通过艺术创作，传递竹的坚韧、谦逊、高洁等精神内涵。在教育领域，可以通过开展竹文化主题的教育活动，如竹文化节、竹工艺工作坊等，让公众尤其是青少年了解和体验竹文化的魅力。在旅游产业中，建设注重"竹"意蕴的竹文化游览区，通过故事讲述、互动体验等方式，让游客在欣赏竹林美景的同时，能够深刻感受到竹文化的内在价值。

通过对"竹"字的创新运用、"竹"本体的创意使用以及"竹"意蕴的传承发展三个方面的深入探讨，可以看到，竹文化在当代的创新发展不仅是对传统文化的传承，更是对现代设计理念的融合与创新。在这个过程中，设计师、艺术家、教育工作者以及文化产业从业者都扮演着重要的角色，他们通过不断地探索和实践，将竹文化与现代生活紧密结合，推动竹文化在当代社会的繁荣与发展。

三、文化符号在设计中的应用

（一）造型设计中文化符号的应用

造型设计是文创产品设计中的重要环节，通过对产品造型的创新设计，能够将文化符号的文化内涵融入产品中。以下是几个具体的应用案例：

1. 茶具设计中文化符号的应用

在设计一款以中国传统文化为主题的茶具时，设计师可以选择"和"字作为设计元素。茶具作为中华优秀传统文化的重要载体，其设计不仅需要满足实用性，更需要体现文化内涵。"和"字在中国文化中代表了和谐、平和、共生的理念，这些理念与茶道精神高度契合。通过创新的造型设计和图案布局，设计师能够将"和"字的文化意义巧妙地融入茶具的设计中。

（1）设计过程与理念

设计师在设计过程中，可以采用现代简约的设计风格，将"和"字以抽象的形式表现在茶具的表面。比如，设计师可以通过雕刻、印花或釉彩等工艺，将不同造型的"和"字融入茶壶、茶杯、茶盘等不同茶具部件中。这种设计不仅能够体现"和"字的文化深度，还能与现代简约风格相融合，符合当代消费者的审美需求。

（2）文化符号与现代设计的融合

现代设计追求简约、实用、美观，而文化符号的应用则能够赋予设计更多的文化内涵。通过将"和"字的抽象造型应用到茶具设计中，不仅能够让使用者在品茶的过程中感受到传统文化的魅力，还能提升茶具的艺术价值和文化附加值。

（3）实用性与艺术性的平衡

在茶具设计中，设计师不仅需要考虑文化符号的应用，还需要平衡实用性与艺术性。例如，茶具的造型设计需要符合人体工学，便于使用和清洁。同时，设计师可以通过巧妙的结构设计和细节处理，将文化符号融入其中，既不影响茶具的实用功能，又能够提升其艺术表现力。例如，一款以"和"为主题的现代茶具，通过在壶盖、壶身、把手等细节部分雕刻或绘制抽象的"和"字造型，既增加了茶具的文化内涵，又符合现代简约的设计风格。这种设计不仅能够吸引喜欢传统文化的消费者，也能够吸引追求现代设计的年轻人群。

2. 家具设计中文化符号的应用

家具作为日常生活中重要的组成部分，其设计不仅需要考虑实用性，还需要注重美观性和文化性。在家具设计中，设计师可以选择具有代表性的文化符号，如中国传统的云纹、莲花等，通过对符号的抽象表达和创新应用，创造出具有文化特色的家具产品。

（1）文化符号的选择与应用

云纹和莲花是中国传统文化中常见的装饰元素，具有深厚的文化底蕴和丰富的象征意义。云纹象征着吉祥、如意和升腾，而莲花则象征着纯洁、高雅和清廉。设计师在家具设计中，可以通过抽象和简化这些符号的造型，将其巧妙地融入家具的各个部分中。

（2）设计与工艺的结合

在家具设计中，文化符号的应用不仅需要设计师的创意，还需要高超的工艺技术。例如，设计师可以采用木雕、镶嵌、描金等传统工艺，在家具的细节部分融入云纹元素，提升家具的美观度和艺术价值。同时，通过对云纹形态的抽象处理，使其更加简洁、现代，符合当代审美。

（3）文化内涵与实用功能的统一

在家具设计中，设计师需要将文化内涵与实用功能有机结合。例如，在一款书桌的设计中，把桌面、桌腿等部分雕刻或镶嵌云纹元素，使书桌不仅具有实用性，还能够展现浓厚的文化气息。同时，通过合理的结构设计和功能布局，使家具既符合人体工学，又具有独特的文化特色。又如，一款以云纹为主题的现代沙发，通过在沙发的扶手、靠背、坐垫等部分融入云纹元素，使沙发既具有现代简约风格，又具有传统文化韵味。设计师通过精湛的工艺和细致的处理，使云纹元素在沙发上得以完美展现，提升了沙发的整体美感和文化价值。

3. 文创产品造型设计中文化符号的应用

文创产品是文化与创意的结合，其造型设计不仅需要创新，还需要深刻的文化内涵。通过文化符号的应用，能够增强产品的文化属性和市场竞争力。

（1）文化符号的创新应用

文创产品的造型设计需要不断创新，通过对传统文化符号的抽象和再创作，使其具有现代感和时代特征。例如，设计师在设计一款文创摆件时，可以选择代表吉祥的龙凤纹作为设计元素，通过现代工艺和材料的应用，将其转化为具有现代感的装饰品。

（2）设计理念与市场需求的结合

在文创产品的设计过程中，设计师需要充分考虑市场需求和消费者偏好。例如，在设计一款以中国传统文化为主题的手链时，设计师可以选择象征爱情和幸福的鸳鸯纹作为设计元素，通过现代简约的设计风格和精致的工艺，将鸳鸯纹融入手链的设计中，满足年轻消费者对时尚和文化的双重需求。

（3）文化符号与品牌形象的融合

文创产品不仅是文化符号的载体，还是品牌形象的重要体现。设计师通过对文化符号的创新应用，可以增强品牌的文化属性和市场影响力。例如，一款以莲花为主题的文创灯具，通过对莲花图案的抽象处理和现代设计，既展现了品牌的文化底蕴，又符合现代家居装饰的需求。又如，一款以龙凤纹为主题的现代文创摆件，通过对龙凤图案的抽象和简化，使其更加符合现代审美。同时，设计师通过巧妙的结构设计和精湛的工艺，使龙凤纹摆件不仅具有装饰性，还具有实用功能，提升了产品的整体价值和市场竞争力。

（二）图案设计中文化符号的应用

图案设计是文化符号应用的另一重要方面，通过对图案的创新设计，能够将文化符号的文化内涵直观地表现出来。以下是几个具体的应用案例：

1. 服装设计中文化符号的应用

在服装设计中，设计师可以选择具有代表性的文化符号，如中国传统的龙凤图案，通过对图案的创新设计和应用，创造出具有文化特色的服装产品。龙凤图案在中国文化中象征着吉祥、权威和高贵，通过图案设计将这些文化内涵融入服装中，不仅能够提升服装的艺术价值，还能增加其文化吸引力。

（1）设计理念与文化传承

龙凤图案作为中国传统文化的重要符号，其设计不仅需要考虑美观性，还需要体现其深厚的文化内涵。设计师可以通过对龙凤图案的抽象表达，将传统元素与现代设计相结合。例如，在一款礼服的设计中，设计师可以采用抽象化的龙凤图案，利用金线刺绣工艺，将龙凤的形态和神韵表现得淋漓尽致。这种设计不仅传承了传统文化，还赋予了服装现代时尚的气息。

（2）色彩与材料的创新应用

色彩和材料的选择在图案设计中起着重要作用。设计师可以通过对龙凤图案的色彩创新，使服装更具视觉冲击力。例如，采用对比色和渐变色，使龙凤图案更加生动和立体。同时，通过选择丝绸、丝线等具有质感的材料，增强图案的层次感和立体感，使服装更具艺术表现力。

（3）文化符号与市场需求的结合

现代服装设计不仅要考虑文化符号的应用，还需要满足市场需求和消费者偏好。例如，在设计一款以龙凤图案为主题的婚礼礼服时，设计师可以结合现代婚礼的时尚元素，使服装既具传统文化内涵，又符合现代婚礼的审美需求。通过巧妙的设计和细致的工艺，使龙凤图案在服装中得以完美展现，提升服装的整体价值和市场竞争力。又如，一款以龙凤图案为主题的现代礼服，通过在礼服的肩部、腰部和裙摆部分融入龙凤元素，使礼服既具现代简约风格，又具有传统文化韵味。设计师通过精湛的刺绣工艺和细致的色彩搭配，使龙凤图案在礼服上得以完美展现，提升礼服的整体美感和文化价值。

2. 饰品设计中文化符号的应用

饰品作为日常生活中的装饰品，其设计不仅需要美观，还需要体现深厚的文化内涵。在饰品设计中，设计师可以选择具有代表性的文化符号，如中国传统的祥云、太极等，通过对符号的创新设计和应用，创造出具有文化特色的饰品。

（1）文化符号的选择与意义

祥云和太极是中国传统文化中常见的装饰元素，具有深厚的文化底蕴和丰富的象征意义。祥云象征着吉祥和好运，而太极则象征着阴阳平衡和宇宙和谐。设计师在饰品设计中，通过对这些符号的抽象和简化，将其巧妙地融入饰品的设计中，使饰品既具美观性，又具有文化意义。

（2）设计与工艺的结合

在饰品设计中，文化符号的应用不仅需要设计师的创意，还需要高超的工艺技术。例如，设计师可以采用镂空、浮雕、镶嵌等工艺，在项链、耳环、手镯等饰品的细节部分融入祥云元素，提升饰品的美观度和艺术价值。同时，通过对祥云图案的抽象处理，可以使其更加简洁、现代，符合当代审美。

（3）文化内涵与时尚潮流的融合

在饰品设计中，设计师需要将文化内涵与时尚潮流有机结合。例如，在一款手链的设计中，设计师可以在链条和吊坠部分融入太极元素，通过现代简约的设计风格和精致的工艺，使手链既符合现代时尚潮流，又具有浓厚的文化气息。又如，一款以祥云图案为主题的耳环，通过在耳环的主体部分融入祥云元素，使耳环既具现代简约风格，又具有传统文化韵味。设计师通过精湛的镂空工艺和细致的色彩处理，使祥云图案在耳环上得以完美展现，提升了耳环的整体美感和文化价值。

（三）色彩设计中文化符号的应用

色彩设计是文化符号应用的重要方面，通过对色彩的创新设计，能够将文化符号的文化内涵直观地表现出来。以下是几个具体的应用案例：

1. 家居设计中文化符号的应用

在家居设计中，色彩的选择和应用不仅决定了家居环境的整体视觉效果，还能传递深厚的文化内涵。中国传统色彩如红色、金色等，具有独特的文化象征意义。通过对这些色彩的创新设计和应用，设计师能够创造出具有文化特色的家居产品。

（1）红色的文化内涵与应用

红色在中国文化中象征着喜庆、吉祥和幸福，是中国最具代表性的传统色彩之一。在家居设计中，设计师可以通过融入红色元素，提升家居的美观度和文化内涵。例如，设计师可以在客厅的装饰中加入红色的墙面装饰、红色的家具或红色的软装饰品，使整个空间充满热情和温暖的氛围。同时，通过与其他颜色的搭配，如白色、金色等，可以创造出既传统又现代的家居风格。

（2）金色的文化内涵与应用

金色在中国文化中象征着富贵、荣耀和高贵，是中国传统文化中的重要色彩之一。在家居设计中，设计师可以通过使用金色元素，提升家居的奢华感和文化品位。例如，在家具设计中，设计师可以选择金色装饰的家具，如金色边框的镜子、金色把手的橱柜等，使整个家居空间显得更加高贵和典雅。

（3）色彩搭配与文化传承

在家居设计中，色彩的搭配不仅需要考虑美学效果，还需要注重文化传承。设计师可以通过对传统色彩的创新应用，将文化符号融入现代家居设计中。例如，设计师可以通过将红色和金色元素与现代简约风格相结合，创造出具有传统文化底蕴的现代家居风格。这种设计不仅传承了传统文化，还符合现代人的审美需求和生活方式。又如，一款以红色和金色为主色调的现代中式家居设计，设计师通过红色的墙面装饰、金色的家具配件以及传统图案的运用，将传统文化与现代设计相结合，创造出既具有文化深度又符合现代审美的家居环境。

2. 包装设计中文化符号的应用

在包装设计中，色彩的选择和应用不仅影响产品的视觉效果，还能直接影响消费者的购买决策。中国传统色彩中的蓝色、白色等，具有独特的文化象征意义，通过对这些色彩的创新设计和应用，设计师能够创造出具有文化特色的包装产品。

（1）蓝色的文化内涵与应用

蓝色在中国文化中象征着宁静、智慧和高贵，是中国传统文化中的重要色彩之一。在包装设计中，设计师可以通过融入蓝色元素，提升包装的美观度和文化内涵。例如，设计师可以在食品包装中加入蓝色的图案和背景，使整个包装显得更加清新和高雅。同时，通过与其他颜色的搭配，如白色、金色等，可以创造出既传统又现代的包装风格。

（2）白色的文化内涵与应用

白色在中国文化中象征着纯洁、庄重和典雅，是中国传统文化中的重要色彩之一。在包装设计中，设计师可以通过应用白色元素，提升包装的简洁感和文化品位。例如，在化妆品包装中，设计师可以选择白色装饰，如白色的瓶身、白色的盒子等，使整个包装显得更加高贵和简约。

（3）色彩搭配与文化传承

在包装设计中，色彩的搭配不仅需要考虑美学效果，还需要注重文化传承。设计师可以通过对传统色彩的创新应用，将文化符号融入现代包装设计中。例如，可以通过将蓝色和白色元素与现代简约风格相结合，创造出具有传统文化底蕴的现代包装风格。不仅传承了传统文化，还符合现代消费者的审美需求和购买心理。又如，一款以蓝色和白色为主色调的高档茶叶包装设计，通过在包装盒、标签和装饰中巧妙融入蓝色和白色元素，使整个包装显得高雅、简约且富有文化内涵。设计师通过蓝色的背景、白色的字体以及传统图案的运用，成功地将传统文化与现代设计相结合，创造出既具有文化深度又符合现代审美的包装产品。

（四）材质设计中文化符号的应用

材质设计是文化符号应用的重要方面，通过对材质的创新设计，能够将文化符号的文化内涵直观地表现出来。以下是几个具体的应用案例：

1. 工艺品设计中材质的选择与文化符号应用

工艺品设计中材质的选择是文化符号应用的重要领域，它不仅要求设计师对材质的物理特性和美学价值有深刻的理解，还要求设计师能够将材质与文化符号相结合，创造出既美观又富有文化内涵的产品。

（1）丝绸材质的文化符号应用

丝绸作为中国传统文化的象征，其柔软、光泽和细腻的质感，为工艺品设计提供了丰富的可能性。设计师可以通过对丝绸的染色、织造、刺绣等工艺的创新应用，将中国传统的文化符号，如龙、凤、牡丹等，融入工艺品的设计中。例如，通过采用传统的织锦工艺，将龙凤图案织入丝绸之中，不仅能够展现出丝绸的华美和精致，还能够传达出吉祥、尊贵的象征意义。

（2）瓷器材质的文化符号应用

瓷器是中国古代工艺的瑰宝，其纯净、坚硬和光滑的特性，使其成为文化符号应用的理想材质。设计师可以通过对瓷器造型、釉色、纹饰等方面的创新设计，将中国传统文化的元素，如山水、花鸟、人物等，表现在瓷器上。例如，将中国山水画绘制在瓷器上，不仅能够展现出瓷器的艺术魅力，还能够传达出中国传统文化中自然、和谐的审美追求。

2. 装饰品设计中材质的选择与文化符号应用

装饰品设计中材质的选择是文化符号应用的另一重要领域，它要求设计师在选择材质时，不仅要考虑材质的美学特性，还要考虑材质所承载的文化意义。

（1）玉石材质的文化符号应用

玉石在中国传统文化中具有特殊的地位，被视为美德和高贵的象征。设计师可以通过对玉石的雕刻、打磨、镶嵌等工艺的创新应用，将中国传统的文化符号，如福、寿、喜等，融入装饰品的设计中。例如，通过雕刻玉佩，将中国传统的福字图案表现在玉石上，不仅能够展现玉石的温润和光泽，还能够传达对美好生活的向往和追求。

（2）木材材质的文化符号应用

木材作为一种自然材质，其温暖、质朴的特性，使其成为装饰品设计中的常用材质。设计师可以通过对木材的雕刻、拼接、涂饰等工艺的创新应用，将中国传统的文化元素表现在装饰品上。如中国古典家具的榫卯结构、传统建筑的斗拱造型等。通过采用传统的木雕工艺，将榫卯结构表现在木质装饰品上，不仅能够展现出木材的质感和工艺的精湛，还能够传达出中国传统文化对和谐、稳定的追求。

第三节 文化传承与创新设计的平衡

一、文化传承的重要性

（一）保护文化的连续性和多样性

文化传承是社会发展的重要基石，它确保了文化的连续性和多样性，为人类文明的繁荣提供了源源不断的动力。在文创产品设计中，文化传承的核心价值体现在对传统文化精髓的挖掘和现代转化上。设计师通过对传统文化的深入研究和创新应用，将古老的文化符号和习俗以现代的形式重新呈现，使传统文化得以在新的时代背景下继续流传。

保持文化的连续性意味着对传统文化的尊重和继承。设计师在文创产品设计中，需要深入理解传统文化元素的历史背景、社会功能和文化意义，通过现代设计语言将其转化为具有现代感的产品。这样的设计不仅能够让现代消费者在购买和使用产品的过程中了解和体验传统文化，还能在全球化的背景下保持文化的独特性和多样性。

文化的多样性是人类文明的重要特征，它体现了不同地域、民族和历史时期的文化差异。在文创产品设计中，设计师需要关注产品在不同文化背景下的多样性表达，通过创新设计展现文化的多元面貌。例如，将不同民族的传统服饰元素融入现代时装设计中，不仅能够展示文化的多样性，也能够促进不同文化之间的交流和理解。

（二）增强产品的文化识别度

在全球化的市场环境中，产品的文化识别度成为品牌差异化和市场竞争力的关键因素。文创产品中的文化元素能够为产品赋予独特的文化识别度，使其在众多同质化产品中脱颖而出。设计师通过对传统文化元素的深入挖掘和创新应用，能够创造出具有强烈文化特色的产品，从而吸引消费者的注意。

文化识别度的提升不仅是对文化元素的简单复制，更是对其进行现代诠释和创新表达的过程。设计师需要将传统文化与现代审美、现代技术相结合，创造出既有文化底蕴又具有现代感的产品。例如，通过在服装设计中融入传统的纹样和图案，设计师不仅能够提升服装的文化附加值，还能引起消费者对传统文化的兴趣和关注。这种文化元素的融入，不仅增强了产品的视觉吸引力，也提升了产品的文化内涵和市场竞争力。

（三）提升消费者的文化认同感

文化传承不仅是文化元素的传递，更是文化精神和价值观的传递。在文创产品设计中，设计师通过对传统文化的现代诠释，能够提升消费者对传统文化的认同感和归属感。这种认同感不仅体现在对文化元素的认知上，更体现在对文化精神和价值观的理解和接受上。

通过文创产品的设计和推广，设计师可以将传统文化的内涵以现代的形式展现出来，让消费者在使用产品的过程中体验到传统文化的魅力。例如，通过对传统节日的文创设计，设计师可以将传统节日的文化内涵、历史故事和象征意义以现代艺术和设计的手法重新诠释，创造出既具有传统文化底蕴又符合现代审美的产品。这样的设计不仅能够让消费者在使用产品的过程中感受到传统文化的魅力，还能够增强消费者对传统文化的认同感和归属感。

二、创新设计的必要性

（一）满足现代消费者需求

在当今快速变化的市场环境中，消费者的需求日益多样化，他们不再满足于单一的功能性产品，而是追求能够体现个性、情感和价值观的独特商品。创新设计在文创产品设计中的应用，正是为了满足这一现代消费趋势。设计师通过将传统文化元素与现代设计理念相融合，创造出既具有历史深度又符合现代审美的产品，从而满足消费者对于新鲜感和个性化的追求。

创新设计的核心在于对传统文化的现代诠释。设计师需要深入挖掘文化符号的内涵，通过现代设计语言对其进行再创造，使之与现代生活方式和审美趋势相契合。例如，将中国传统的"福"字通过现代几何图形的表现手法重新设计，不仅保留了传统文化的吉祥寓意，也赋予了产品现代感和时尚感，从而吸引年轻消费者的注意。此外，创新设计还需要关注产品的功能性和用户体验。设计师应将现代科技与传统文化相结合，开发出既具有文化特色又具有实用功能的产品。例如，将传统的陶瓷工艺与现代智能技术结合，设计出能够监测水质、调节水温的智能茶具，这样的创新设计不仅提升了产品的实用价值，也增强了用户体验，满足了现代消费者对于智能生活的需求。

（二）促进文化的传承与发展

在全球化的浪潮中，传统文化面临着被边缘化和同质化的风险。创新设计作为一种文化传承的手段，能够将传统文化以新的形式呈现给现代社会，从而促进文化的传承与发展。设计师通过对传统文化的深入研究和创新表达，使传统文化在现代语境中焕发出新的生命力。

创新设计不是对传统文化的复制，而是对其进行再创造和再诠释的过程。设计师需要将传统文化与现代审美、现代技术相结合，创造出既有文化底蕴又具有现代感的产品。例如，将传统的剪纸艺术与现代的数字印刷技术相结合，设计出既保留传统艺术美感又具有现代设计风格的装饰品。这种创新设计不仅提升了传统工艺的市场价值，也让更多年轻人接触和了解传统文化，从而促进文化的传承。此外，创新设计还能够激发公众对传统文化的兴趣和参与。通过设计具有互动性的文创产品，如结合 AR 技术的文化体验装置，可以让消费者在互动体验中感受传统文化的魅力，从而增强文化认同感和传承意识。

（三）提升产品的市场竞争力

在竞争激烈的文创产品市场中，创新设计是提升产品竞争力的关键。一个具有创新设计的文创产品，能够在众多同质化产品中脱颖而出，吸引消费者的注意，是提升市场份额和品牌影响力的关键。

创新设计能够为产品带来独特的视觉和功能特性，增强产品的辨识度和吸引力。设计师通过对文化元素的深入挖掘和创新应用，可以创造出独一无二的产品造型。例如，将中国传统的山水画元素通过现代抽象艺术的手法重新设计，应用于家居装饰品中，这样的设计不仅具有强烈的视觉冲击力，也赋予了产品独特的文化价值和艺术价值。

同时，创新设计还能够提升产品的文化附加值。通过将传统文化元素与现代设计理念相结合，设计师可以创造出既有文化深度又具有现代感的产品，这样的产品不仅能够满足消费者对于文化认同的需求，也能够提升产品的市场份额和品牌形象。例如，通过在茶具设计中融入现代的简约风格和智能化功能，能够吸引年轻消费者对传统茶文化的兴趣，从而提升产品的市场竞争力。

三、传承与创新的融合策略

（一）文化元素的现代诠释

1. 文化元素的选择与解读

（1）文化元素的选择

在文创产品设计中，选择合适的文化元素是传承与创新融合的第一步。设计师需要深入研究不同文化元素的历史背景、象征意义和社会功能，选择那些具有代表性并被普遍认同的元素。例如，中国传统文化中的龙、凤、牡丹等元素，不仅具有深厚的文化底蕴，也具有强烈的视觉冲击力和辨识度。

（2）文化元素的解读

对文化元素的解读是进行文化元素现代诠释的基础。设计师需要通过跨学科的研究方法，如历史学、人类学、艺术学等，深入理解文化元素的多重含义和象征体系。这种解读不仅包括对元素本身的理解，还包括对其在特定文化语境中的功能和意义的理解。

2. 文化元素的现代转化

（1）设计语言的创新

将传统文化元素转化为现代设计语言是传承与创新融合的关键。设计师需要运用现代设计理念和技术手段，如简约主义、抽象表现、数字设计等，对传统文化元素进行重新构思和表达。例如，将传统的中国山水画元素通过抽象化的设计手法，转化为现代家居装饰品的设计元素，既保留了传统文化的精髓，又赋予了产品现代感。

（2）文化元素的跨文化融合

在全球化的背景下，文化元素的跨文化融合成为可能。设计师可以将不同民族、地区和历史时期的文化元素进行融合，创造出具有多元文化特色的产品。例如，将中国的传统图案与西方的现代设计风格相结合，创造出既具有东方韵味又符合西方审美的产品。

（二）传统工艺的挖掘、保护与创新应用

1. 传统工艺的挖掘与保护

（1）传统工艺的挖掘

传统工艺的挖掘是一项系统性工程，它要求设计师不仅要有深厚的文化底蕴，还要有敏锐的观察力和严谨的研究态度。对传统工艺的挖掘工作可以分为以下几个层面：

①文献资料的搜集与研究

设计师首先需要通过查阅历史文献、地方志、工艺书籍等资料，对传统工艺的历史沿革、技术特点、文化内涵进行系统的了解。这些文献资料往往蕴含着丰富的信息，是理解传统工艺的基础。例如，通过研究古代工艺书籍，如《天工开物》《齐民要术》等，可以了解到传统工艺在古时的制作方法和流程，为现代设计提供宝贵的参考。

②实地考察

实地考察是挖掘传统工艺的重要手段。设计师需要深入传统工艺发源地，观察传统工艺的实际操作过程，与传统工艺传承人进行深入交流，了解传统工艺的细节和传承人的心得。这种面对面的交流往往能够获得书本上无法得到的宝贵信息。例如，对景德镇陶瓷工艺的挖掘，就需要设计师亲自到景德镇，观察陶瓷的制作过程，与陶瓷大师进行深入对话，从而获得对陶瓷工艺的深刻理解。

③濒临失传工艺的发现与记录

随着现代化的进程不断加快，许多传统工艺面临着失传的风险。设计师需要有意识地去发现这些濒临失传的工艺，通过文字、图片、视频等多种形式进行记录，为后人留下宝贵的资料。例如，对某些少数民族的传统编织工艺的挖掘，就需要设计师深入少数民族地区，记录下这些传统工艺的制作过程和技术特点，为保护和传承这些传统工艺做出贡献。

（2）传统工艺的保护

传统工艺的保护是一项复杂的社会工程，它不仅需要设计师的参与，还需要政府、非营利组织、社区等多方面的合作。

①立法保护

政府应当通过立法手段，对传统工艺进行保护。包括制定传统工艺保护法、非物质文化遗产保护法等，明确传统工艺的法律地位，保护传统工艺传承人的合法权益。例如，《中华人民共和国非物质文化遗产法》为传统工艺的保护提供了法律依据，确保了传统工艺的传承和发展。

②教育传承

教育是传承传统工艺的重要途径。设计师可以与教育机构合作，将传统工艺纳入课程体系，通过课堂教学、实践操作等方式，培养学生对传统工艺的兴趣和技能。例如，一些艺术院校就开设了传统工艺课程，让学生在实践中学习和体验传统工艺的魅力。

③市场推广

市场是检验传统工艺价值的重要平台。设计师需要通过市场调研，了解消费者的需求，设计出既符合现代审美又保留传统工艺特色的产品，通过展览、销售等方式，推广传统工艺。例如，通过举办传统工艺展览，让更多的人了解和认识传统工艺，提高传统工艺的市场认可度。

2. 传统工艺的创新应用

（1）传统工艺与现代技术的结合

传统工艺与现代技术的结合，是推动传统工艺创新发展的重要途径。这种结合不仅能够提升传统工艺的生产效率，还能够拓展其应用范围，增强其市场竞争力。

①现代制造技术的应用

现代制造技术，如 3D 打印、数控机床、激光切割等，为传统工艺的现代化改造提供了可能。设计师可以利用这些技术，对传统工艺进行精确复制和批量生产，同时保持传统工艺的独特性。例如，3D打印技术可以精确复制传统陶瓷的复杂形状，而数控机床则可以实现木雕工艺的高精度加工。这些技术的应用，不仅提高了生产效率，降低了生产成本，还推动了传统工艺产品的推广普及。

②传统工艺流程的优化

结合现代技术，设计师可以对传统工艺的流程进行优化，去除不必要的步骤，简化操作，提高工艺的效率和可持续性。例如，在传统的织锦工艺中，设计师可以引入CAD技术，优化图案设计流程，减少试错次数，提高设计效率。同时，通过对自动化设备的应用，可以减少人工操作，降低劳动强度，提高生产效率。

③新材料的应用

现代材料科学的发展为传统工艺的创新提供了新的材料选择。设计师可以探索将传统工艺与新型材料相结合，创造出具有新功能和特性的产品。例如，将传统的漆艺与现代复合材料相结合，可以创造出既具有传统漆艺美感又具有现代材料特性的产品。这种结合不仅能够提升产品的性能，还能够拓展传统工艺的应用领域。

（2）传统工艺与现代设计的融合

传统工艺与现代设计的融合，是创新应用的另一重要途径。设计师需要深入理解传统工艺的文化内涵和审美特征，将其与现代设计理念相结合，创造出既具有传统工艺特色又符合现代审美的产品。

①文化内涵的传承

在设计中融入传统工艺的文化内涵，是创新应用的关键。设计师需要深入研究传统工艺的历史背景、文化象征和审美价值，将其融入现代设计之中。例如，在现代家具设计中融入传统的榫卯结构，不仅能够展现传统工艺的智慧，还能够增强产品的文化价值和审美魅力。

②审美特征的现代转化

传统工艺的审美特征是其独特魅力的体现。设计师需要将这些审美特征进行现代转化，使其符合现代审美趋势。例如，将传统的青花瓷图案进行简化处理，融入现代家居装饰设计中，既保留了传统工艺的审美特征，又符合现代简约的审美风格。

③功能性的创新

在保持传统工艺审美特征的同时，设计师还需要注重产品的功能性创新。通过结合现代科技和设计理念，设计师可以创造出既美观又实用的产品。例如，将传统的竹编工艺与现代照明技术相结合，设计出既具有传统工艺美感又具有现代照明功能的产品。这种创新不仅能够提升产品的市场竞争力，还能够促进传统工艺的现代化转型。

（三）传统故事的挖掘、整理与创新表达

1. 传统故事的挖掘与整理

（1）传统故事的挖掘

传统故事的挖掘是一项系统性的工作，它要求设计师不仅要有深厚的文化素养和历史知识，还要有敏锐的观察力和细致的记录能力。通过对传统故事的深入挖掘，可以更好地理解其历史背景、文化内涵和教育意义，为后续的创新表达和设计应用提供坚实的基础。

①历史背景的研究

在挖掘传统故事时，设计师首先需要对其历史背景进行深入研究。包括了解故事发生的时代特征、社会环境、政治经济状况等。通过对传统故事历史背景的了解，设计师可以更准确地把握故事的时代精神和文化价值。例如，对于"孟姜女哭长城"这一故事，设计师需要了解秦朝的徭役制度、修建长城的背景，以及民间对于服徭役的反抗情绪，从而更深刻地理解故事的内涵。

②文化内涵的解读

传统故事往往蕴含着丰富的文化内涵，包括道德观念、价值取向、审美情趣等。设计师在挖掘故事时，需要深入解读这些文化内涵，理解故事在传统文化中的地位和作用。例如，"梁山伯与祝英台"这个故事，不仅是一段凄美的爱情悲歌，也反映了古代人民对于婚姻自由的渴望和对封建礼教的批判。设计师通过对这些文化内涵的解读，可以为故事的创新表达提供丰富的素材。

③教育意义的探索

传统故事往往具有深刻的教育意义，它们通过寓言、比喻等形式，传递着思想道德、人生哲理等重要信息。设计师在挖掘故事时，需要探索其教育意义，理解故事对于个人成长和社会发展的积极作用。例如，"愚公移山"这个故事，传递了坚持不懈、勇于挑战的价值观。设计师通过对传统故事所传达的教育意义的

探索，可以将故事的正能量融入设计中，提升作品的社会价值。

（2）传统故事的整理

传统故事的整理是创新表达的基础。设计师需要将挖掘到的故事进行系统化的整理，提取其核心元素和主题，为后续的创新表达提供素材和灵感。

①故事结构的梳理

在整理传统故事时，设计师需要对故事的结构进行梳理，包括故事的起因、发展、高潮和结局。通过对故事结构的梳理，设计师可以更清晰地把握故事的脉络，为故事的创新表达提供框架。例如，对于《白蛇传》这个故事，设计师可以梳理出白娘子与许仙相识、相爱、分离、重逢的情节线索，为后续的设计提供情节基础。

②核心元素的提取

传统故事中的核心元素是故事的灵魂，包括人物形象、情节设定、象征符号等。设计师在整理故事时，需要提取这些核心元素，理解它们在故事中的作用和意义。例如，"牛郎织女"这个故事中的牛郎、织女、银河、鹊桥等元素，都是故事的核心象征，设计师通过对这些元素的提取，可以为故事的创新表达提供视觉和情感的支撑。

③主题思想的归纳

传统故事往往围绕着一定的主题思想展开，这些主题思想是故事的深层内涵。设计师在整理故事时，需要归纳故事的主题思想，理解其对于故事整体的意义。例如"精卫填海"这个故事的主题思想是坚持不懈、勇于挑战，设计师通过对这一主题的归纳，可以将故事的精神内涵融入设计中，提升作品的思想深度。

④故事素材的分类

在整理传统故事时，设计师还需要对故事素材进行分类，包括人物素材、情节素材、环境素材等。通过对素材的分类，设计师可以更有效地管理和利用这些素材，为故事的创新表达提供丰富的资源。例如，设计师可以将《西游记》中的各种妖怪形象进行分类整理，为后续的动画设计、游戏设计等提供形象资源。

2.传统故事的创新表达

（1）故事与设计的结合

在当代设计实践中，将传统故事与现代设计相结合，已成为创新表达的重要途径。这种结合不仅是对传统文化的现代诠释，也是对设计语言的丰富和拓展。设计师通过对产品的造型、图案、色彩等巧妙设计，将传统故事的情节和主题融入产品设计之中，从而创造出既具有文化内涵又符合现代审美的设计作品。

造型设计是产品设计的基础，它直接关系到产品的外观和功能。设计师可以通过对传统故事中的人物、动物、场景等元素进行抽象和简化，将其融入产品的造型设计中。例如，将《西游记》中的孙悟空形象进行抽象化处理，设计成一款具有现代感的台灯，既保留了传统故事的元素，又符合现代审美。这种设计不仅能够吸引消费者的注意，还能够激发他们对传统故事的兴趣，从而在日常生活中潜移默化地传播传统文化。

图案设计是传达文化信息的重要手段。设计师可以选取传统故事中的经典场景或象征性图案，通过现代设计手法进行再创作，将其应用于产品的表面装饰。例如，将《红楼梦》中的"金陵十二钗"形象进行重新设计，应用于茶具的装饰，既展现了传统文化的精致，又增添了产品的艺术价值。这种设计不仅提升了产品的文化附加值，还使消费者在使用产品的过程中能够感受到传统文化的魅力。

色彩设计是设计中极具表现力的元素，它能够直接影响人的情感和心理。设计师可以借鉴传统故事中的色彩搭配，将其应用于现代产品的色彩设计中。例如，将《水浒传》中梁山好汉的服饰色彩进行提取，设计成一款色彩鲜明的背包，既体现了传统文化的色彩美学，又符合现代人的审美需求。这种设计不仅能够满足消费者对美的追求，还能够让他们在日常生活中体验到传统文化的色彩魅力。

通过将传统故事与现代设计相结合，设计师不仅能够创造出具有文化特色的产品，还能够为现代设计注入新的活力。这种结合既推动了设计的创新，又有助于传统文化的传承和发展，增强了文化自信，对于促进文化多样性和提升国家文化软实力具有重要意义。

（2）故事与技术的融合

随着科技的快速发展，现代技术手段如 VR、AR 等为传统故事的创新表达提供了新的可能性。设计师可以运用这些技术，将传统故事以全新的方式呈现给消费者，创造出沉浸式的体验，使消费者能够更加深入地了解和体验传统文化。

VR 技术能够创造出一个完全虚拟的环境，用户通过头戴设备等能够沉浸其中。设计师可以开发基于传统故事的 VR 体验，如《三国演义》的虚拟战场，使用户仿佛置身于古代的战场，亲身体验历史事件。这种体验不仅吸引了年轻一代的关注，还通过寓教于乐的方式让用户深入了解和体验传统文化。

AR 技术则是在现实世界中叠加虚拟信息，为用户提供 AR 体验。设计师可以开发基于传统故事的 AR 应用，如《聊斋志异》的故事场景，用户通过手机或平板电脑同时看到虚拟的故事角色和场景叠加在现实世界之上。这种体验不仅增加了故事的趣味性，还使传统文化更加生动和易于理解。

此外，设计师还可以利用数字技术，开发基于传统故事的互动游戏或教育软件。例如，设计一款以《水浒传》为背景的 RPG，玩家可以在游戏中扮演不同的梁山好汉，体验他们的故事。这种游戏不仅能够吸引玩家的兴趣，还能够让他们在游戏的过程中学习和了解传统文化。

第五章 文创产品设计实践

第一节 设计案例分析

一、传统工艺品设计案例

（一）设计理念与文化内涵

传统工艺品设计案例分析是文创产品设计的基础。中国的传统工艺品如青花瓷、刺绣、剪纸、漆器等都具有深厚的文化底蕴和精湛的技艺。在设计传统工艺品时，需要深入了解其历史背景、文化内涵以及制作工艺。例如，青花瓷的设计不仅要考虑到图案的美观性，还要遵循传统的制作工艺，包括选材、绘制、烧制等环节。又如，刺绣的设计需要考虑到不同刺绣技法的特点，如苏绣的细腻、粤绣的绚丽等。在分析传统工艺品设计案例时，可以从设计理念、材料选择、工艺流程、市场反应等多个方面进行详细的分析，以揭示传统工艺品设计的精髓和成功之处。

（二）材料选择与工艺流程

在传统工艺品设计中，材料选择和工艺流程是两个关键因素。以青花瓷为例，瓷土的选用直接影响产品的质感和色泽，而图案的绘制则需要熟练的笔法和深厚的绘画功底。此外，烧制过程中的温度控制和时间把握也决定了最终产品的质量和色彩。在刺绣方面，不同地区的刺绣作品在材料选择和工艺上都有独特的一面，如苏绣常用真丝线和细腻的针法，粤绣则以其色彩艳丽和图案复杂著称。通过对这些工艺流程的详细分析，可以更好地理解传统工艺品的制作精髓和艺术价值。

（三）市场反应与文化传播

传统工艺品在市场上的反应不仅取决于其工艺水平，还与文化传播密切相关。青花瓷作为中国传统文化的象征，不仅在国内市场广受欢迎，也在国际市场上有着广泛的影响力。刺绣工艺品则因其精湛的手工技艺和浓厚的地域文化特色，成为国内外收藏家的追捧对象。通过分析这些成功的市场案例，可以总结出传统工艺品设计在市场推广和文化传播中的经验和策略，为现代文创产品的设计提供参考。

二、现代文创产品设计案例

（一）设计灵感与创意来源

现代文创产品设计结合了现代设计理念和技术，强调产品的创新性和实用性。以北京故宫博物院推出的"珍·熹"系列高端吊坠（图5-1，5-2）为例，产品以故宫御猫的形象作为创意来源，结合了传统文化元素和现代设计理念。

1. 故宫御猫的灵感

故宫御猫这一灵感，为产品赋予了深厚的文化底蕴与生动的艺术形象。作为故宫的守护神，御猫承载着招财纳福的美好寓意，象征着吉祥与幸福。设计师巧妙地将御猫的形象与传统纹饰相融合，创造出既承载着厚重文化，又兼具现代时尚气息的产品。

在设计中，御猫的形象被精心提取，并与传统纹饰相结合，设计出了招财猫与守财猫两种吊坠，寓意着财富的聚集与守护。每一件产品的设计都流露出高端与趣味，御猫的形象在现代创意的视角下得以重塑，而传统符号巧妙地融入又传递出平安与顺利的美好祝愿。

2. 材质和设计细节

产品选用了流行的K金、白彩贝、玛瑙等材质，着色均匀、色泽丰富、触感细腻。设计师在细节上也下足了功夫，从吊坠的造型到纹理的处理，每一处都显示出高端精致的设计理念。简约大气的整体造型和憨态可掬的故宫御猫形象，不仅能够吸引消费者的注意力，还能塑造独特的品牌和IP形象。

3. 现代创意与传统文化融合

产品设计成功地将现代创意与传统文化融合在一起，既满足了年轻一代对时尚和个性化的追求，又体现了对传统文化的尊重和传承。故宫猫系列产品通过现代的创意视角，将故宫文化元素重新演绎，赋予了传统文化新的生命和活力，获得了广大年轻消费者的喜爱。

（二）市场定位与消费者分析

在现代文创产品设计中，市场定位和消费者分析是至关重要的环节。故宫猫系列产品通过将故宫文化元素与现代生活用品相结合，精准定位于年轻消费者群体，成功地实现了文化与市场的对接。

1. 精准的市场定位

故宫猫系列产品针对的是喜爱传统文化又追求时尚与个性的年轻消费者群体。通过对目标消费者的细致分析，产品在设计和营销上更具针对性和吸引力，使消费者能够在产品中获得文化认同感。

2. 满足的消费者需求

市场调研和消费者行为分析为设计师提供了宝贵的信息和数据支持，帮助他们更好地把握消费者的需求和偏好。故宫猫系列产品在产品定位、设计风格、价格策略等方面都充分考虑了目标消费者的需求和购买习惯，因此能够迅速赢得消费者的青睐。

（三）产品特点与销售策略

现代文创产品的成功离不开独特的产品特点和有效的销售策略。北京故宫博物院的文创产品在设计和营销上都具有独特优势，成功吸引了大量消费者，提升了品牌知名度和美誉度。

1. 独特的产品特点

故宫猫系列产品在设计上独具匠心，通过将传统文化元素与现代设计理念相融合，打造出独特的产品特色和品牌形象。产品不仅外观精美，而且寓意深刻，能够引起消费者的情感共鸣。

2. 多渠道的市场推广

北京故宫博物院采取了多渠道的市场推广策略，通过与知名设计师的合作、在社交媒体上的宣传推广，以及在电商平台上的销售，扩大了产品的曝光度和影响力。消费者不仅可以在实体店铺购买产品，还可以通过线上渠道便捷购买，提高了产品的市场份额和销售额。

3. 品牌建设与用户体验

北京故宫博物院通过品牌建设和提升用户体验，进一步巩固了品牌形象。产品不仅在外观设计上讲究精致，在材质选择上追求高品质，而且在售后服务和用户沟通上也做得十分到位，赢得了消费者的信赖和支持。

三、数字文创产品设计案例

随着数字技术的发展，数字文创产品设计成为一种新兴的设计领域。数字文创产品如 VR 游戏、数字艺术品、交互式展览等，通过数字技术实现了传统文化与现代科技的融合。例如，海南黎锦（图 5-3）被誉为棉纺织历史的"活化石"。黎锦是黎族人民物质生活、文化艺术的物质载体，是理解黎族的民族历史文化和精神世界的直观媒介。为深化对民族标识、艺术特色、时代风貌和群体感受的挖掘，引入 AI 技术，为黎锦文创产品设计探索新路径。通过 AI 技术的应用，深入挖掘黎锦的文化内涵和艺术特色，创造出兼具创意与实用性的产品。在推动传统艺术现代化的同时，实现艺术与科技的完美融合。

图 5-3　黎锦

（一）海南黎锦

1. 起源与文化内涵

（1）黎锦的起源

海南黎族先民是我国较早掌握纺织技术的民族之一，黎锦的起源可追溯至商周时期。早在3000多年前，生活在海南岛上的黎族先民就已掌握了纺织技术。纺织技艺的起源与发展与黎族先民的生产生活紧密相关，是他们适应环境、改善生活的重要手段。黎锦在黎族文化中的地位极其重要，不仅是日常生活中的实用物品，更是黎族历史文化的重要载体，承载着黎族人民的历史记忆和文化传承。

（2）黎锦的发展历程

宋元时期，黎族的棉纺织业已相当发达，其工艺已达到很高的水平。这一时期，杰出的纺织家黄道婆在学习和总结黎族纺织技术的基础上，改革和创新了纺织工具，运用和推广了黎族的纺织技术，织成了栩栩如生的花纹图案。黄道婆的贡献不仅促进了黎锦技艺的发展，也推动了整个中国纺织技术的进步。到明清两代，黎锦的发展达到了顶峰，其中"龙被"等黎锦精品更是成为举世瞩目的艺术瑰宝，其独特魅力与深厚内涵备受世人赞誉。

（3）黎锦的文化内涵

黎锦不仅是实用的纺织品，更是黎族文化的重要象征。黎锦的图案和色彩设计体现了黎族人民的生活方式、宗教信仰和审美观念。黎锦上的图案往往具有丰富的象征意义，如龙凤图案象征吉祥、富贵，动植物图案则反映了黎族人民对自然的崇敬和热爱。黎锦不仅在黎族内部具有重要地位，也是黎族与外界交流的重要媒介，通过黎锦，外界能够更好地了解和认识黎族文化。

（4）地区方言对黎锦的影响

在海南的5种黎族方言地区中，对黎锦的称呼和黎锦的艺术风格均有所不同。在哈方言区，黎锦被称为"哈贡"，其图案设计细腻且色彩鲜艳，以动植物形象为主，如鸟、鱼、花等，体现了当地人对大自然的热爱和敬畏；在杞方言区，黎锦被称为"杞黎锦"，其图案则更加注重几何图形的运用，以直线和曲线构成的图案，展现了当地黎族人民对秩序和对称美的追求；在润方言区，黎锦以简洁明快的线条和图案为特点，传递出当地黎族人民朴实无华的性格；在美孚方言区，黎锦则以其独特的编织技艺和丰富的色彩组合而著称，彰显了当地黎族人民的创造力和艺术天赋；在赛方言区，黎锦则以其精细的刺绣和华丽的图案装饰受到赞誉,展示了当地黎族人民对美好生活的向往和追求。

2. 黎锦纹样

（1）人形纹样

黎锦纹样造型独特,色彩绚丽,具有浓厚的民族特色和文化内涵。人形纹样是黎锦中最为常见的纹样之一。这些纹样大多经过抽象化处理,四肢夸张地向内或向外弯折,双手或叉腰,或上举,极富动感。有的学者认为人形纹可能是由蛙纹演变而来,有的甚至直接将其归类为变形蛙纹或蛙人纹。人形纹样不仅具有装饰效果,还常常承载着黎族的宗教信仰和文化寓意,象征着生命力和自然力量。

（2）动物纹样

黎锦中还有大量的动物纹样,如马纹、鹿纹、斑鸠纹、蛇纹、青蛙纹、孔雀纹、鸡纹等。这些动物纹样大多来源于黎族人民的生活环境和日常所见,通过夸张和抽象的艺术手法,转化为具有几何美感的图形。动物纹样不仅装饰性强,还具有丰富的象征意义,例如,马纹象征着力量和自由,孔雀纹象征着美丽和高贵,蛇纹则常常与生命力和智慧联系在一起。

（3）植物纹样

植物纹样也是黎锦纹样中的重要组成部分,包括竹纹、稻纹、花卉纹等。这些植物纹样通过简化和抽象,形成了独特的几何图形,既保留了植物的自然形态,又增添了艺术的美感。植物纹样反映了黎族人民对自然的观察和理解,象征着生命的繁荣和大自然的恩赐。例如,竹纹象征着坚韧和高尚,稻纹象征着丰收和富饶,花卉纹则象征着美丽和希望。

（4）生活工具纹样

生活工具纹样是反映黎族人民日常生活的重要纹样,包括各种农具纹样、炊具纹样等。这些纹样记录了黎族人民的生活方式和生产活动,是黎族文化的重要组成部分。通过这些纹样,可以看到黎族人民在日常生活中的智慧和创造力。例如,锄头、犁等农具纹样象征着勤劳和丰收,锅碗瓢盆等炊具纹样则反映了黎族人民对家庭生活的重视和热爱。

（5）吉祥纹样

吉祥纹样在黎锦中也占有重要地位,如龙纹、凤纹、鹿纹、蝴蝶纹等。这些纹样寓意着吉祥、幸福和美好,体现了黎族人民对美好生活的向往和追求。吉祥纹样常常在重要的礼仪和节庆场合使用,是表达祝福和美好愿望的重要方式。例如，龙纹象征着权力和尊贵，凤纹象征着美丽和高贵，鹿纹象征着长寿和富贵，蝴蝶纹则象征着自由和幸福。

3. 黎锦色彩

（1）色彩运用的独特性

黎锦在色彩运用方面独具匠心，体现了黎族人民对色彩的独特理解和运用。黎锦色彩多以棕、黑为基本色调，辅以青、红、白、蓝、黄等色，形成色彩对比强烈的艺术效果，富有民族特色，蕴含深厚文化内涵。

（2）色彩的象征意义

黎锦的色彩中，红、黄等暖色代表自信、热情、活力，常被用于年轻妇女的筒裙等服饰上，体现青春活力。蓝、白、青等色则常搭配使用，多见于老年女性的头巾、服饰，给人一种沉稳庄重的感觉。黎族人民崇尚黑色，认为黑色象征庄重和吉祥，因而大部分织锦以黑色线为底径。

（3）色彩与自然的关系

黎族人民从自然中提取色彩，融入织锦中，展现对自然的敬畏与模仿。例如，红色来自植物的花朵，蓝色来自天空和海洋，绿色来自树木和草地。通过这些自然色彩的运用，黎锦展现了黎族人民对自然的观察和理解，体现了人与自然的和谐关系。

（4）色彩运用的艺术效果

黎锦的色彩运用不仅具有象征意义，还通过色彩对比和搭配创造出独特的艺术效果。例如，通过鲜艳的红色与沉稳的黑色搭配，形成强烈的视觉冲击力；通过冷暖色的对比，增添了织锦的层次感和立体感。这些色彩运用不仅提高了织锦的美观性和装饰性，还增强了其文化内涵和艺术价值。

（二）AI 技术与文创产品设计

1. AI 技术的演进

自 1956 年 AI 概念被正式确立以来，它在机器学习、模式识别等领域取得了显著的成就。在 20 世纪 90 年代以后，随着计算机计算能力的增强和信息技术的进步，AI 技术进入了快速发展阶段，并已在众多的商业化领域得到应用。如今，AI 技术已深入到人类社会的各个领域，极大地改变了人们的生活方式。AI 技术模仿人类智能，使计算机系统能够具备多种能力，如自主决策和智能交互。其核心技术包括机器学习、自然语言处理、计算机视觉等，这些技术使计算机能够实现自我学习、语言理解和图像识别等功能。此外，AI技术还涉及语音识别、机器人技术等领域，并朝着多样化的领域不断发展。

2.AI技术与文创产品的融合

AI技术与文创产品的融合，为文化创意产业开辟了创新发展的新天地。AI技术不仅能够辅助文创产品的创作过程，为设计师提供创意灵感和技术支持，还能模拟传统工艺，创作出独具特色的作品。在产品的推广与销售阶段，AI通过深入的数据分析和精准的市场预测，能够帮助企业实现精准营销，优化用户的使用体验。此外，AI技术还推动了文化产业的跨界融合，将传统文化的精髓与现代科技相结合，创造出新颖且独特的文创产品。这种融合不仅推动了文化创意产业的发展，还促进了不同产业之间的交流与合作，为文化创意产业注入了新的活力。AI与文创产品的结合，正成为推动文化创意产业创新发展的重要力量。

（三）AI技术在黎锦文创产品中的应用意义与策略

1.应用意义

（1）提高黎锦文创产品的价值

在提升黎锦文创产品的价值方面，AI技术的深度学习与大数据分析发挥了至关重要的作用。通过这些先进技术的精准提炼，黎锦文化的精髓得以被深入挖掘，从而丰富了产品的文化内涵，显著提升了其文化价值。AI技术的应用不仅促进了黎锦文创产品的创新，还打破了传统设计的局限，将现代审美融入其中，从而拓宽了产品的市场受众。AI技术在精准营销方面的助力，不仅扩大了黎锦文化的传播范围，还增强了其在社会中的影响力。可以说，AI技术为黎锦文创产品注入了新的活力，有力地推动了黎锦文化的传承与发展。

（2）增强黎锦文创产品的互动性

在增强黎锦文创产品的互动性方面，AI技术的智能化交互发挥了关键作用。AI能够准确识别用户的指令和反馈，实现用户与文创产品的即时互动，从而极大地提升了用户的参与感和体验感。此外，AI技术还推动了黎锦文创产品的社交化互动，用户可以通过社交媒体和在线社区等平台，与同样对黎族传统文化感兴趣的人进行交流和分享，从而扩大黎锦文化的传播范围。AI技术在提升黎族文创产品互动性方面的应用，不仅丰富了用户的互动体验，还增强了产品的市场吸引力和文化价值，为黎锦文创产品的发展注入了新的活力。

（3）推动黎锦文化传承与创新发展

AI 技术的应用在推动黎锦文化传承与创新发展方面发挥了重要作用。AI 技术不仅为黎锦文创产品的设计提供了新的创意和灵感，还通过数字化手段有效地记录和保存了黎锦的传统技艺和文化内涵，从而促进了其传承与创新发展。此外，AI 技术还将黎锦文化与现代科技巧妙结合，创造出了一系列具有时代特色的文创产品，这些产品不仅让更多人有机会了解和喜爱黎锦文化，还增强了黎锦文化的现代感和吸引力。通过这种方式，AI 技术不仅丰富了黎锦文化的表现形式，还扩大了黎锦文化的影响力，为黎锦文化的传承与发展注入了新的活力。

2. 应用策略

AI 技术在黎锦文创产品设计中的应用策略涵盖了数据收集与分析、设计灵感与创新、用户互动与体验优化、生产流程优化以及市场营销与推广等多个方面。充分利用 AI 技术的优势，可以推动黎锦文创产品的创新发展，提升产品的文化价值和市场竞争力。

（1）数据收集与分析

在数据收集与分析方面，AI 技术展现了其强大的能力。AI 技术能够广泛收集与黎锦相关的历史、文化、技艺、图案以及市场需求等数据。通过深度分析这些数据，为文创设计提供了坚实的基础。NLP（自然语言处理）技术在分析文本资料方面发挥了重要作用，有效提取了黎锦文化的关键信息。机器学习工具则能够自动识别黎锦图案和色彩特征，而大数据分析则深入挖掘了市场需求和消费者偏好。这些技术的结合，使设计师能够更加精准地把握黎锦文化的内涵，设计出更符合市场需求的文创产品，从而推动黎锦文化的传承与发展。AI 技术的应用不仅提升了设计的精准度，还增强了产品的市场竞争力，为黎锦文化的传播和发展注入了新的动力。

（2）设计灵感与创新

在设计灵感与创新方面，AI 技术发挥了不可或缺的作用。AI 技术通过深入分析黎锦的传统图案、色彩和结构，精准提取了关键的设计元素。利用生成 GAN（对抗网络），能够创造出新颖的黎锦图案，这些图案既保留了传统黎锦文化的精髓，又融入了现代审美的元素。深度学习技术在此过程中识别并分析了黎

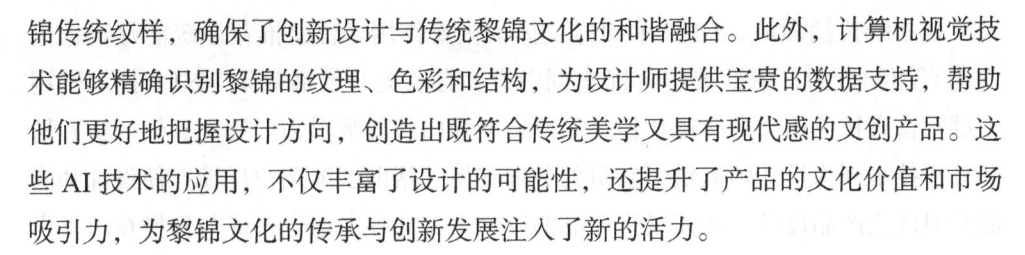

锦传统纹样，确保了创新设计与传统黎锦文化的和谐融合。此外，计算机视觉技术能够精确识别黎锦的纹理、色彩和结构，为设计师提供宝贵的数据支持，帮助他们更好地把握设计方向，创造出既符合传统美学又具有现代感的文创产品。这些AI技术的应用，不仅丰富了设计的可能性，还提升了产品的文化价值和市场吸引力，为黎锦文化的传承与创新发展注入了新的活力。

（3）用户互动与体验优化

在用户互动与体验优化方面，AI技术的应用显著提升了黎锦文创产品的吸引力。通过语音识别和智能交互技术，用户能够与文创产品进行实时互动，深入了解其文化背景和制作技艺，这种互动方式极大地增强了用户的参与感和体验感。AI技术还能够根据用户的反馈和行为数据，对产品设计进行优化，进一步提升用户体验。例如，语音识别与合成技术的应用实现了自然的人机语音交互，增强了互动的真实感；智能推荐系统则能够根据用户的兴趣和偏好，精准推荐文创产品，提高了用户的满意度；情感分析技术则通过对用户反馈的深入评估，帮助优化产品设计，确保产品能够更好地满足用户的需求和期望。这些AI技术的应用不仅提升了用户的互动体验，还增强了产品的市场竞争力，为黎锦文创产品的持续发展提供了强大的支持。

（4）生产流程优化

在生产流程优化方面，AI技术的应用显著提升了黎锦文创产品的生产效率和质量。通过引入智能机器人，实现了生产过程的自动化，不仅提高了生产效率，还确保了产品的一致性和质量。机器学习技术的应用使设备维护需求的预测更加精准，有效减少了生产中断，保障了生产的连续性。同时，优化算法在提升生产线效率方面发挥了关键作用，通过精确控制生产参数和流程，进一步提高了生产效率。这些AI技术的综合应用，不仅推动了黎锦文创产业的现代化转化，还提升了产品的市场竞争力，为产业的持续发展提供了坚实的技术支持。

（5）数字化展示和在线传播

在数字化展示和在线传播方面，AI技术为黎锦文化的推广提供了强大的技术支持。通过三维建模与渲染技术，AI能够精准捕捉并优化黎锦的三维模型，使其精细的纹理和独特设计得以完美呈现，让用户能够深入探索和感受黎锦文化的魅力。深度学习技术生成的动态图像，则模拟了黎锦产品的实际使用效果，进一步强化了展示的吸引力。

在在线传播领域，AI 技术同样发挥了重要作用。智能推荐系统能够根据用户的兴趣和行为，精准推送黎锦文创内容，有效提升传播效果。NLP 技术则用于撰写富有特色的文案，优化传播策略，增强内容的吸引力。社交媒体分析和情感分析技术则为设计师提供了宝贵的数据支持，帮助了解用户反馈，使设计师能够及时优化产品设计，从而增强产品的影响力。此外，语音合成与转换技术提供了多语言的导览服务，促进了黎锦文化的国际传播。

这些 AI 技术的综合应用，不仅提升了黎锦文化的数字化展示效果，还增强了在线传播的精准度和内容质量，为黎锦文化的传承和发展提供了新的动力，同时也扩大了其市场影响力。

（6）市场营销与推广

在市场营销与推广方面，AI 技术展现了其强大的分析和预测能力，为黎锦文创产品开辟了新的市场机遇。通过文本挖掘与情感分析，能够深入解读消费者对黎锦文创产品的态度和需求，为制定精准的营销策略提供数据基础。个性化推荐算法则根据用户的兴趣和行为，精准推送相关产品，提高了用户的购买意愿和满意度。社交媒体分析技术则实时洞察公众讨论和市场趋势，为营销策略的调整和优化提供了实时数据支撑。

这些 AI 技术的综合应用，不仅提升了黎锦文创产品的市场知名度，还增强了其市场影响力。通过精准的市场定位和个性化的推广策略，AI 技术帮助黎锦文创产品更好地满足市场需求，提升了品牌形象和市场竞争力，为产品的成功推广和销售奠定了坚实的基础。

第二节　设计过程与方法

一、需求分析

（一）需求收集方法

需求分析是设计过程的第一步，是确保设计项目成功的关键。通过需求分析，可以明确用户的需求和期望，了解市场的趋势和竞争状况。常用的需求收集方法有市场调研、用户访谈、问卷调查等。市场调研可以帮助设计师了解当前市场上同类产品的竞争情况和市场趋势；用户访谈能够深入了解用户的具体需求、

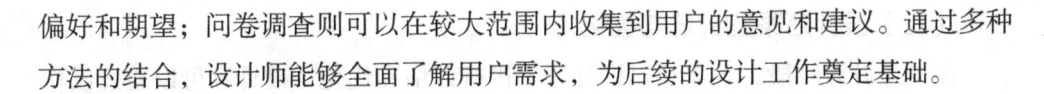

偏好和期望；问卷调查则可以在较大范围内收集到用户的意见和建议。通过多种方法的结合，设计师能够全面了解用户需求，为后续的设计工作奠定基础。

（二）需求分析的内容

在进行需求分析时，还需要考虑用户的文化背景、社会环境、经济状况等因素，以确保设计能够满足用户的实际需求。例如，在设计一个具有传统文化元素的文创产品时，需要了解目标用户的文化背景和文化认同感，以确保设计能够引起用户的共鸣。此外，社会环境和经济状况也会影响用户的需求和购买行为，如经济发达地区的用户可能更倾向于购买高端文创产品，而经济欠发达地区的用户则可能更注重产品的实用性和性价比。因此，需求分析需要全面考虑各种影响因素，以制定出切实可行的设计方案。

（三）需求分析的工具

为了提高需求分析的效率和准确性，设计师可以使用一些专业的工具和技术手段。例如，使用市场调研软件可以高效地进行市场数据的收集和分析；使用用户画像工具可以帮助设计师更直观地了解用户的特点和需求；使用数据分析软件可以对大量的用户数据进行统计和分析，从而发现用户需求的规律和趋势。这些工具和技术手段的应用，可以大大提高需求分析的科学性和准确性，为后续的设计工作提供有力支持。

二、概念设计

（一）创意生成与筛选

概念设计是将需求转化为初步设计方案的过程。在这个阶段，设计师需要通过头脑风暴、创意会议、草图绘制等方式，探索不同的设计方案，提出创新的设计理念和创意。例如，在设计一个结合传统文化元素的现代文创产品时，可以通过对传统文化的研究和现代设计趋势的分析，提出兼具文化内涵和现代感的设计概念。在这一过程中，头脑风暴是一种常用的方法，通过集体讨论和自由联想，快速产生大量的创意和想法；创意会议则是对这些创意进行讨论和筛选，选出最有潜力的设计方案；草图绘制则是将这些设计方案初步具象化，为后续的详细设计提供参考。

（二）设计方案的评估与优化

在概念设计阶段，还需要对设计方案进行评估和优化。设计师可以通过制作模型、进行可行性分析等方式，对设计方案的可行性、实用性和市场前景进行评估。例如，可以通过制作简单的模型或原型，直观地展示设计方案的效果和功能；通过可行性分析，评估设计方案在技术实现和成本控制方面的可行性；通过市场调研，了解设计方案在市场上的接受度和竞争力。通过这些评估和优化工作，可以确保最终选定的设计方案具有较高的可行性和市场潜力。

（三）设计理念与文化融合

概念设计不仅要考虑产品的功能和外观，还要注重设计理念和文化元素的融合。在文创产品设计中，传统文化元素的应用尤为重要。例如，可以通过对传统图案、工艺、材质等元素的研究，将其融入现代设计中，形成独特的设计风格和文化内涵。同时，还需要考虑文化元素在不同市场中的适应性和接受度，以确保设计能够被广泛认可和接受。

三、详细设计

（一）细节设计与技术实现

详细设计是将概念设计具体化的过程。在这个阶段，设计师需要进行精细地设计和优化，确定产品的各个细节和技术参数。例如，在设计一个文创产品时，需要确定产品的材料、尺寸、颜色、工艺等具体细节，制作详细的设计图纸和技术文档。详细设计还需要考虑产品的制造可行性和成本控制，确保设计方案能够顺利实现和生产。在这一过程中，设计师需要与工程师、材料专家等密切合作，解决设计中的技术难题，确保产品的功能性和制造可行性。

（二）制造工艺与成本控制

在详细设计阶段，还需要详细考虑产品的制造工艺和成本控制。制造工艺的选择直接影响到产品的质量和生产成本。例如，选择合适的材料和加工工艺，可以提高产品的耐用性和美观性，同时降低生产成本。此外，还需要考虑产品的组装和包装工艺，确保产品在制造和运输过程中不会受到损坏。在成本控制方面，需要对各个环节的成本进行详细的预算和分析，通过优化设计和工艺流程，降低生产成本，提高产品的市场竞争力。

（三）设计图纸与技术文档

详细设计的一个重要任务是制作详细的设计图纸和技术文档。这些图纸和文档不仅是产品制造的依据，也是设计师与工程师、制造商等进行沟通和协作的重要工具。例如，设计图纸需要详细标注产品的尺寸、材料、颜色、工艺等信息；技术文档则需要详细说明产品的设计原理、制造工艺、质量标准等内容。通过详细的设计图纸和技术文档，可以确保产品在制造过程中准确无误地实现设计意图，保证产品的质量和性能。

四、样品制作

（一）样品制作的意义与方法

样品制作是验证设计方案的重要环节。通过制作样品，可以检验设计的实际效果和功能，发现和解决设计中的问题和不足。例如，在制作一个文创产品的样品时，可以通过3D打印、手工制作等方式，制作出实际的产品样品，并进行测试和调整。3D打印技术可以快速制作出复杂的样品，方便对产品进行形态和结构的验证；手工制作则可以更好地体现材料和工艺的效果，通过这些方法，设计师可以直观地看到设计方案的实际效果，并进行必要的调整和优化。

（二）用户测试与反馈收集

样品制作还需要进行用户测试，并根据用户反馈，进一步优化设计方案，确保最终产品能够满足用户的需求和期望。例如，可以邀请目标用户对样品进行试用，收集他们对产品外观、功能、使用体验等方面的意见和建议；通过用户反馈，可以发现设计中的不足之处，从而进行针对性的调整和优化。这一过程不仅可以提高产品的用户满意度，还可以增强用户对产品的认同感和忠诚度。

（三）样品优化与最终确认

在样品制作和用户测试的基础上，设计师需要对样品进行进一步的优化和改进，确保最终产品能够达到预期的设计目标和质量标准。例如，根据用户反馈和测试结果，对样品的外观、功能、材质等方面进行调整和优化，解决设计中的问题和不足。经过多次优化和确认，最终确定产品的设计方案和制造工艺，为大规模生产提供可靠的依据和保障。

第三节 设计实践中的挑战与应对策略

一、文化多样性与复杂性

（一）文化的多样性

在文创产品设计中，文化多样性和复杂性是一个重要的挑战。不同的文化背景和社会环境对设计的要求和期望有所不同。例如，在设计一个面向国际市场的文创产品时，需要考虑到不同文化的审美差异和文化禁忌，确保设计能够被广泛接受和认可。文化背景的多样性意味着不同国家和地区的消费者在文化习惯、审美偏好、价值观念等方面存在显著差异，这对设计师提出了更高的要求。

（二）文化禁忌与审美差异

不同文化中的禁忌和审美差异也是设计中必须关注的因素。例如，某些颜色、图案或符号在特定文化中可能具有特殊的含义，甚至是禁忌。在设计面向国际市场的文创产品时，设计师需要了解这些文化禁忌，避免在设计中使用可能引起负面反应的元素。此外，不同文化的审美差异也需要设计师在色彩、造型、材质等方面进行适应性调整，以满足不同文化群体的审美需求。

（三）跨文化设计能力

为应对文化多样性和复杂性的挑战，设计师需要具备跨文化的设计能力，深入了解不同文化的特点和需求。跨文化设计能力不仅要求设计师具有广泛的文化知识，还需要他们具备跨文化的沟通和理解能力。通过文化研究和交流，设计师可以积累丰富的文化知识，了解不同文化的独特之处和共通之处，从而设计出具有文化包容性和跨文化适应性的产品。例如，在设计一个具有传统中国元素的文创产品时，可以结合西方现代设计理念，通过跨文化的融合，创造出既保留中国传统文化精髓，又符合西方现代审美的产品。

二、市场需求的变化

（一）消费者需求的多样化

市场需求的变化是文创产品设计中另一个重要的挑战。随着社会经济的发展和消费者偏好的变化，市场需求也在不断变化。现代消费者的需求呈现出多样化和个性化的特点，他们不再满足于标准化、批量生产的产品，而是更加注重产品的独特性和个性化。例如，年轻一代消费者更倾向于个性化、定制化的文创产品，而传统的批量生产模式已经无法满足他们的需求。

（二）市场调研与用户分析

为应对这一挑战，设计师需要具备敏锐的市场洞察力和快速反应能力，通过市场调研和用户分析，及时捕捉市场的变化趋势，调整设计策略。市场调研是了解市场需求的重要手段，设计师可以通过问卷调查、消费者访谈、数据分析等方式，获取消费者的需求信息和市场动态。用户分析则是深入了解消费者行为和心理的过程，通过对消费者购买行为、使用习惯、消费动机等方面的研究，设计师可以更好地把握市场需求的变化趋势。

（三）需求驱动的设计策略

在市场需求变化的背景下，设计师需要采用需求驱动的设计策略。需求驱动的设计策略强调以用户需求为导向，通过对用户需求的深入分析，制定出符合市场需求的设计方案。例如，在设计一个面向年轻消费者的文创产品时，可以通过对年轻消费者的兴趣爱好、生活方式、审美偏好等方面的分析，确定设计的方向和重点；通过个性化的设计和定制化的服务，满足年轻消费者的个性化需求，提升产品的市场竞争力。

三、技术发展的影响

（一）新技术的应用

技术发展对文创产品设计产生了深远的影响。新技术的出现为文创产品设计带来了新的可能性和挑战。例如，3D打印技术、VR技术、AI技术等都为文创产品设计提供了新的工具和方法。

（二）技术能力的提升

新技术的应用对设计师的技术能力提出了更高的要求。设计师不仅需要掌握传统的设计技能，还需要不断学习和掌握新的技术，了解技术的发展趋势和应用前景。技术能力的提升不仅体现在对新技术的熟练掌握上，还包括对新技术的创新应用和深度理解。例如，设计师可以通过参加技术培训、阅读技术文献、进行技术实验等方式，不断提升自己的技术能力，推动技术创新在文创产品设计中的应用。

（三）技术创新与设计融合

技术创新与设计的融合是推动文创产品设计进步的重要途径。通过将新技术融入设计过程，设计师可以提升产品的创新性和实用性。例如，通过3D打印技术，设计师可以快速制作出复杂的产品原型，提升设计效率和产品质量；通过VR技术，设计师可以为用户提供沉浸式的产品体验，提升产品的互动性和用户满意度；通过AI技术，设计师可以优化设计方案，提升设计的智能化水平。

第四节　3D打印在文创产品设计中的应用

3D打印技术具有成型速度快、信息化程度高、可设计复杂产品、打印精度高、可定制化服务等突出优势，但也存在难以大批量生产、材料成本高等问题，与产业规模化、标准化需求存在一定冲突。与传统制造工艺不同，3D打印的材料可回收再利用，且不需要大型工作机床，只需要特殊软件和计算机设备。3D打印技术的应用不仅可以缩短文创产品设计和制作的周期，还可以降低人工成本，因此在文创产品设计中得到了越来越广泛的应用。

一、3D打印在文创产品设计中的优势

（一）拓展文创产品设计空间

1. 打破传统设计限制

传统文创产品设计存在一定的局限性，产品外形和构造会受到制造工具和材料的影响，限制了设计师的创造力。3D打印技术能够突破产品外观和结构的局

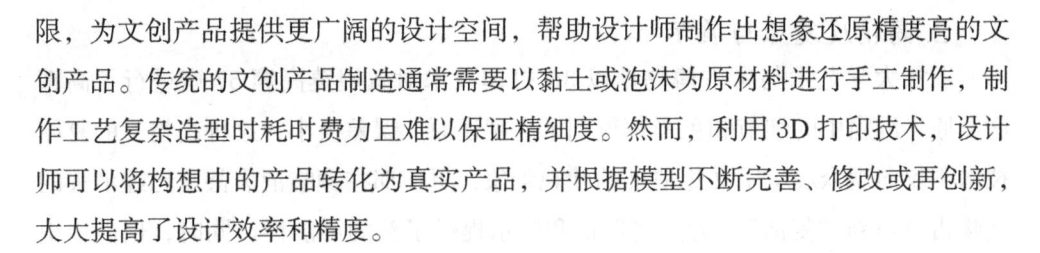

限,为文创产品提供更广阔的设计空间,帮助设计师制作出想象还原精度高的文创产品。传统的文创产品制造通常需要以黏土或泡沫为原材料进行手工制作,制作工艺复杂造型时耗时费力且难以保证精细度。然而,利用3D打印技术,设计师可以将构想中的产品转化为真实产品,并根据模型不断完善、修改或再创新,大大提高了设计效率和精度。

2. 个性化与多样化设计

现代消费者对于文创产品的需求呈现出多样化和个性化的趋势,3D打印技术正好能够满足这一需求。例如,中国3D博物馆利用3D打印技术制造出许多具有水墨晕染效果的家具,并以中国传统纹样为参考,打印出极具特色和美感的多层次、立体化镂空屏风"置幻",为观众带来了无限的想象空间,极大地提升了观众游览博物馆的体验感。这种设计上的自由度和创新性,使3D打印技术在文创产品设计中具有不可替代的优势。

3. 材料利用与环境保护

传统制造工艺通常会产生大量的资源浪费,而3D打印技术可以在设计和制造过程中更高效地利用材料,减少浪费,降低环境影响。例如,3D打印技术可以精确控制材料的使用量,根据设计需求逐层堆积材料,避免了传统工艺中常见的多余材料切割和废弃问题。此外,3D打印技术还可以使用环保材料,如生物可降解材料,进一步提升文创产品的环保特性。通过这种方式,3D打印技术不仅提升了文创产品的设计和制造水平,还促进了绿色环保理念的推广。

(二)促进文创产业高阶发展

1. 文物复制与保护

文创产业具有高附加值、高知识性、强融合性的特征,3D打印技术的出现和应用推动了文创产业的进一步发展。它不仅为文物复制、保护和传承提供了技术支持,还为文化古迹场景再现和空间重现创造了条件。以博物馆为例,游客参观和游览博物馆期间,通常会产生与文物近距离接触的愿望,但基于文物保护原则,游客并不可以随意触碰文物。为提升游客的体验感,博物馆利用3D打印技术对文物进行一比一复制,以供游客参观和近距离观察,从而更好地传播优秀传统文化。

2. 高精度复原与展示

浙江大学艺术与考古博物馆以 3D 打印技术对敦煌莫高窟 57 窟进行了高精度复原，洞窟中的细节和色彩都得到了高度还原，误差极小。这种高精度的复原技术不仅向观众展示了文化遗址的壮观景象，更使那些濒临消失甚至已经消失的文物古迹重新"复活"，为文物保护和展示提供了新的可能性。同时，也使历史文化遗产能够以更加真实和生动的方式呈现在公众面前，增强了文化教育和传播的效果。

3. 创新与融合

3D 打印技术的应用促进了文创产业的创新与融合。通过与其他技术的结合，如 VR 和 AR，文创产品可以实现更加丰富的互动体验。例如，利用 3D 打印技术制作的文物模型，可以结合 VR 技术，提供虚拟导览服务，使观众在参观博物馆时获得沉浸式的体验。此外，3D 打印技术还可以与艺术、设计等领域的创意结合，推出更多具有创意和文化内涵的文创产品，提升文创产业的综合竞争力。

（三）为产品的推广提供便利

1. 定制化与个性化

3D 打印技术为文创产品的推广和销售提供了诸多便利，提升了产品推广的灵活性。现如今，3D 打印技术在文化娱乐、文化旅游领域的应用已非常广泛，为现代文化娱乐、旅游产业增添新的活力。消费者可以根据自身诉求，设计并打印文创产品，实现定制化、高效能、个性化产销体验。

2. 缩短生产周期

3D 打印技术可以有效缩短文创产品的生产周期，提高产品的市场响应速度。传统生产模式往往需要经过复杂的工艺流程，耗时较长，而 3D 打印技术可以直接根据设计图纸进行快速制造，显著缩短了生产时间。这种快速制造的能力，使文创产品能够更快地被推向市场，满足消费者的即时需求。此外，3D 打印技术还可以进行小批量生产，灵活应对市场变化，减少库存压力。

3. 降低生产成本

通过 3D 打印技术，文创产品的生产成本可以显著降低。传统生产模式中，开模、设立生产线等环节需要投入大量资金，而 3D 打印技术则不需要这些复杂的前期准备工作，只需输入设计文件即可进行生产，大大降低了生产成本。这种

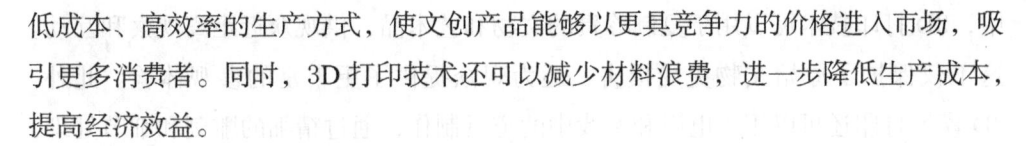

低成本、高效率的生产方式，使文创产品能够以更具竞争力的价格进入市场，吸引更多消费者。同时，3D 打印技术还可以减少材料浪费，进一步降低生产成本，提高经济效益。

4. 便携 3D 打印设备的普及

当前，便携 3D 打印设备的普及使文创产品的设计和制造变得更加便捷。例如，便携 3D 打印笔作为一种创新的工具，只需在笔中注入打印材料，即可打印出立体画像、文字等，为社会公众创意设计的实现提供了技术支持。无论是在家庭、学校还是社区，便携 3D 打印笔都可以方便地使用，促进了创意设计的普及和推广。通过这种便捷的 3D 打印设备，更多的人可以参与到文创产品的设计和创作中来，激发全民创新热情，推动文创产业的繁荣发展。

5. 消费者参与设计与创作

3D 打印技术的应用可以有效缩短消费者和生产商之间的距离，为消费者提供参与文创产品设计和创作的机会，以促进文创产业"产销融合"。消费者可以依照自身需求购买到定制产品，生产商也可以降低产品成本，促进产品多样化生产。通过 3D 打印技术，消费者不仅是文创产品的购买者，也是设计者和创作者，从而增强了消费者的参与感和认同感，提升了文创产品的附加值和市场竞争力。

通过对 3D 打印在文创产品设计中的优势的详细阐述，可以看出 3D 打印技术为文创产业带来了巨大的发展潜力和创新空间。它不仅拓展了文创产品的设计空间，促进了文创产业的高阶发展，还为文创产品的推广和销售提供了便捷。未来，随着 3D 打印技术的不断发展和广泛应用，文创产业将迎来更加辉煌的发展前景，为社会公众提供更多优质的文化产品和体验。

二、3D 打印在现代文创设计领域的具体应用

（一）文创产品模型打印

模型打印是 3D 打印最基本的功能之一。与传统的相机平面复刻相比，3D 打印技术使模型更加直观、立体。通过高精度的 3D 扫描和建模技术，设计师可以准确捕捉和还原物体的每一个细节，从而生成高精度的三维模型。这种技术不仅提高了模型的真实感和细节表现力，还使模型的制作过程更加高效和灵活。

在文创产品设计中，3D 模型打印具有广泛的应用。例如，在博物馆和展览

中，3D打印技术可以用于复制珍贵的文物和艺术品，供观众近距离观察和互动。这不仅保护了原始文物免受损害，还为观众提供了更丰富的参观体验。此外，3D模型打印还可以用于电影和游戏中的道具制作，通过精细的雕刻和细节处理，创造出逼真的场景和角色，提升作品的视觉效果和沉浸感。

3D模型打印还可以用于增强教育的互动体验。例如，利用3D打印技术制作的模型，可以帮助学生更直观地理解历史文物、建筑结构和科学原理。通过触摸和操作3D打印模型，学生可以获得更深刻的学习体验，激发他们的学习兴趣和创造力。此外，博物馆和科教机构也可以利用3D打印技术制作互动展品，增强观众的参与感，提升教育效果。

（二）广告道具打印

1. 定制广告道具

通过3D打印技术，可以根据品牌需求进行广告道具的定制，创造出独特且具有视觉冲击力的展示效果。早在2017年，韩国爱茉莉太平洋集团便已经利用3D打印技术打印了IOPE品牌面膜，以此为消费者提供定制护肤产品，有效提升了广告的整体效果。如今，许多知名品牌开始与3D打印企业合作，用于辅助个性化、定制化产品的生产。这不仅发挥了3D打印技术的优势，还顺应了新时代的行业发展趋势。

2. 提升广告效果

3D打印技术能够为广告道具的设计和制作提供更多创意和可能性。例如，在产品发布会上，利用3D打印技术可以快速制作出高质量的产品模型和展示道具，增强品牌形象和宣传效果。通过精细的设计和制作，利用3D打印技术制作的广告道具可以呈现出逼真的细节和独特的造型，吸引观众的注意力，提升广告的传播效果。

3. 环保与成本控制

利用3D打印技术制作广告道具，还可以减少材料浪费，降低生产成本。传统的广告道具制作往往需要开模、切割、组装等多个步骤，耗时费力且材料利用率低。而3D打印技术可以直接根据设计图纸进行打印，减少了中间环节，提高了材料利用率。此外，3D打印技术还可以使用环保材料，减少对环境的影响，符合现代企业的可持续发展理念。

（三）软装产品打印

1. 创意与美学结合

3D 打印技术用于软装和美陈，能够将作品以三维立体的形式展现给观众，提升作品的审美价值和艺术价值。通过 3D 打印技术，设计师可以将复杂的几何图形、流线型结构和艺术纹理应用于软装产品设计，创造出独特的视觉效果。例如，在室内设计中，利用 3D 打印技术制作出独特的灯具、家具和装饰品，可以为空间增添艺术感和现代感。

2. 个性化定制

3D 打印技术的应用使软装产品的个性化定制变得更加容易。消费者可以根据个人喜好和空间需求，设计并打印出符合自己审美的软装产品。通过这种个性化定制服务，设计师可以更好地满足消费者的个性化需求，提升产品的附加值和市场竞争力。例如，消费者可以定制独特的壁饰、雕塑和家居配件，使空间设计更加独特和个性化。

3. 提高设计效率

传统软装产品的设计和制作往往需要经过复杂的工艺流程，耗时费力且成本高。而 3D 打印技术可以通过数字化设计和自动化生产，在提高设计和制作效率的同时降低生产成本。设计师可以通过计算机软件进行三维建模和设计，然后直接将设计文件输入 3D 打印机进行打印，减少了制作的时间。这种高效的生产方式，使软装产品的设计和更新速度大大加快，满足了市场的快速变化和消费者的即时需求。

（四）玩具与手办打印

1. 个性化与多样化

当前，人们对产品的个性化、多元化追求越来越明显，3D 打印技术与玩具、手办产业的融合，推动了传统产业的转型升级，不仅提升了玩具和手办的精美程度，还衍生出更多小众、新颖的潮流产品。3D 打印技术可以根据消费者的需求，制作出各种独特的玩具和手办，满足不同年龄段和兴趣的群体需求。

2. 高精度的细节处理

通过 3D 打印技术，玩具和手办的设计和制作可以实现高精度的细节处理。例如，在手办的制作中，设计师可以通过 3D 打印技术，制作出细腻的面部表情、复杂的服饰纹理和精细的配件，提升手办的精美程度和收藏价值。这种高精度的制作方式，使玩具和手办不仅具有观赏性，还具有很高的收藏价值，吸引了大量消费者和收藏家。

3. 创意空间的拓展

3D打印技术为玩具和手办的设计提供了更广阔的创意空间。设计师可以通过3D打印技术，将虚拟世界中的角色和场景转化为现实中的玩具和手办，创造出更多富有创意和趣味的产品。例如，设计师可以根据流行的电影、动画和游戏，设计并打印出相关的角色手办和场景模型，满足粉丝和玩家的消费需求。这种创意空间的拓展，使玩具和手办产业充满了无限的可能性和发展潜力。

（五）特色文创产品打印

1. 旅游纪念品与文物复刻

旅游纪念品与文物复刻是3D打印技术在文创产品领域的重要应用之一。著名旅游景点和博物馆作为文化交流和历史传承的重要场所，吸引了大量游客。这些游客往往希望带走一些纪念品，以作为对旅行的回忆和文化的纪念。传统的纪念品往往缺乏独特性和文化深度，而3D打印技术则提供了一种全新的解决方案。

通过3D扫描技术，可以对原始文物进行高精度的三维数据捕捉，这些数据可以用于构建文物的数字档案。这些档案不仅有助于文物的长期保护和研究，还可以作为3D打印复制品的基础。3D打印技术能够根据这些数据，制作出与原始文物在造型、纹理和细节上高度相似的复制品。这些复制品可以作为高质量的旅游纪念品，供游客购买和收藏。这种复刻技术不仅保护了原始文物，避免了直接接触可能带来的损害，还为游客提供了更加真实和有意义的纪念品。游客通过购买这些复制品，不仅能够获得物质上的纪念，还能够更深入地理解和感受文物的历史和文化价值。此外，这些复制品还可以作为教育工具，用于学校和博物馆的教育活动中，加深公众对文化遗产的认识和尊重。

2. 文物"发烧友"的需求

文物"发烧友"对文物的兴趣和热爱往往超越了普通游客。他们对于文物的历史背景、艺术价值和制作工艺有着深入的研究和理解。因此，他们对于文物纪念品的需求也更为专业和精细。3D打印技术为满足这一特殊群体的需求提供了可能。

　　博物馆和其他文化机构可以利用3D打印技术，制作出馆藏文物的复制品、微缩模型和纪念品。这些产品不仅在外观上与原始文物高度相似，而且在材质和工艺上也力求还原。例如，对于古代陶瓷、金属器物或雕塑，3D打印技术可以通过选择相应的材料，如陶瓷粉末、金属粉末或树脂，以确保复制品的质感和触感尽可能接近原始文物。

　　这些高仿文创产品不仅满足了文物"发烧友"的收藏需求，还为他们提供了研究和欣赏文物的全新视角。同时，这些产品的销售也为博物馆和文化机构带来了新的收入来源，有助于其运营和文物保护工作的持续开展。此外，这种结合文化与科技的文创产品还能够吸引更多公众对文化遗产的关注，促进文化的传播和教育。

　　3. 数据档案与文物保护

　　3D打印技术在文物保护和修复中的应用具有巨大的潜力。文物的保护和修复是一个复杂而精细的过程，需要大量的数据支持和精确的操作。3D扫描和打印技术为这一过程提供了强大的技术支持。

　　通过高精度的3D扫描，可以为文物建立详细的数字档案。这些档案记录了文物的每一个细节，包括造型、结构、纹理和色彩等。这些数据不仅为文物的修复提供了重要的参考，还为文物的长期保护提供了科学依据。在文物修复过程中，可以利用3D打印技术，根据数字化档案制作出损坏部位的精确复制品，进行无损修复。这种方法不仅保护了文物的完整性，还避免了传统修复方法可能带来的二次损害。此外，这些数字档案还可以用于学术研究和教育展示。学者可以利用这些数据进行深入的历史和艺术研究，而教育工作者则可以将这些数据用于制作教学模型和互动展示，提高公众对文化遗产的认识和兴趣。通过这种方式，3D打印技术不仅在文物保护和修复领域发挥了重要作用，还促进了文化遗产的传播和教育。

第六章 文创产品与市场

第一节 市场需求与趋势分析

一、市场需求的特点

（一）个性化需求

1. 定制化设计

现代消费者对于文创产品的需求呈现出高度个性化的特点。不同于传统的大规模生产模式，消费者越来越倾向于购买独特、有创意且能够彰显个人品位和身份的文创产品。定制化设计是满足个性化需求的重要方式之一。通过个性化的设计服务，消费者可以根据自己的喜好和需求，参与产品的设计过程，创造出独一无二的文创产品。例如，在一些文创品牌的官网或线下店铺，消费者可以选择产品的颜色、材质、图案等，甚至可以在产品上镌刻自己的名字或特殊的标志。

2. 限量版产品

限量版产品也是满足个性化需求的重要手段。通过限量生产，文创产品不仅显得更加独特和珍贵，还能够激发消费者的购买欲望和收藏热情。例如，一些知名品牌会推出限量版的艺术品、书籍或饰品，每一件产品都具有独一无二的编号和证书。限量产品提升了产品的稀缺性和附加值，不仅满足了消费者对个性化和独特性的追求，还增强了品牌的市场吸引力和竞争力。

3. 创意产品

创意产品是现代文创市场中备受青睐的品类。消费者希望通过这些独特的文创产品来表达自己的个性和审美观念。创意产品的设计不仅要具备美学价值，还需要拥有创新的理念和独特的功能。例如，利用3D打印技术制作的个性化手办、结合智能技术的互动艺术装置、融合传统工艺和现代设计的家居装饰品等，都是现代文创市场中热门的创意产品。这些产品不仅在视觉上给人以震撼，还在功能和使用体验上给人以惊喜，满足了消费者对个性化和创意的追求。

（二）文化认同感

1. 地方特色

文创产品作为文化传播的重要载体，其市场需求还体现出强烈的文化认同感。具有地方特色的文创产品往往能够引起消费者的共鸣和认同。如具有传统民族图案的服饰、融合地方特色工艺的手工艺品、体现地方历史文化的纪念品等，都在市场上广受欢迎。消费者购买这些文创产品，不仅是为了实用，更是为了表达对地方文化的认同和热爱。

2. 传统工艺结合现代设计

传统工艺与现代设计的结合是文创产品设计中常见的方式。通过这种结合，文创产品不仅保留了传统文化的精髓，还被赋予了现代的审美和实用价值。例如，利用传统的刺绣工艺制作现代的时尚服饰、通过陶瓷技艺制作具有现代感的家居用品、结合书法艺术设计的现代文具等，都受到了消费者的欢迎。这些产品不仅具有深厚的文化内涵，还符合现代消费者的审美和使用需求，增强了文创产品的市场竞争力。

3. 历史文化背景

具有历史文化背景的文创产品在市场上也具有较高的附加值和竞争力。通过对历史文化的挖掘和再创作，文创产品被赋予更多的文化内涵和故事性。例如，模仿古代文化遗产设计的纪念品、结合历史事件创作的艺术品、体现传统节日文化的装饰品等，都能够引起消费者的兴趣和共鸣。这些具有历史文化背景的文创产品不仅满足了消费者对文化认同的需求，还提升了产品的文化价值和市场吸引力。

（三）质量与体验

1. 质量的提升

随着生活水平的提高，消费者对文创产品的质量提出了更高的要求。他们希望文创产品不仅在外观上具有艺术性和创意性，还能获得良好的使用体验。文创产品的质量主要体现在材料的选择、制作工艺和使用寿命等方面。例如，高质量的文创产品通常选用优质的材料，采用精细的制作工艺，确保产品的耐用性和美观性。高质量的文创产品不仅提升了消费者的满意度，还增强了品牌的市场竞争力。

2. 使用体验

文创产品的使用体验也是消费者关注的重点。消费者希望在使用文创产品的过程中获得愉悦和舒适的体验。这种需求促使文创产品在设计和制作过程中更加注重细节和品质。例如，一些高端文创品牌在产品设计中，注重人体工学的应用，确保产品的舒适性和实用性；在制作过程中，采用先进的工艺和技术，提升产品的质感和使用寿命。这些注重细节和品质的文创产品，不仅提升了消费者的使用体验，还增强了产品的附加值和市场竞争力。

3. 便捷性和互动性

现代消费者还关注购买文创产品的便捷性和文创产品的互动性。他们希望能够通过多种渠道轻松获取和体验文创产品。例如，通过在线平台进行购买，享受便捷的配送服务；通过智能技术实现产品的互动功能，提升使用体验。这种需求促使文创企业在设计和销售过程中，注重销售渠道的多样化和服务的便捷性，以提升消费者的购买和使用体验。例如，一些文创品牌通过电商平台进行销售，提供快速配送和退换货服务；通过智能技术，实现产品与用户的互动，提升使用的趣味性和便捷性。

二、市场趋势的预测

（一）数字化与智能化

1. 数字化设计与制造

随着数字技术和智能技术的发展，文创产品市场呈现出数字化和智能化的趋势。数字技术的应用不仅提升了文创产品的设计和制作水平，还丰富了其表现形式和互动方式。例如，利用数字化设计工具，设计师可以更直观地进行产品的设计，提高设计效率和精度；利用数字化制造技术，如3D打印，可以实现文创产品更复杂和精细的制作，提升产品的质量和细节表现力。

2. 沉浸式体验

通过VR和AR技术，消费者可以获得沉浸式的体验。这些技术的应用，使文创产品的展示和使用方式更加多样化和富有创意。例如，通过 VR 技术，消费者可以在虚拟世界中参观历史遗迹、艺术展览和文化景区，增强文创产品的沉浸感和趣味性；通过 AR 技术，消费者可以在现实世界中与虚拟物品进行互动，提升文创产品的互动性和现实感。

3. 智能功能与服务

智能技术的应用使文创产品具备更多的功能和服务，为消费者提供更加便捷和个性化的使用体验。例如，通过 AI 技术，文创产品可以根据用户的行为和偏好，提供个性化的推荐和服务；通过物联网技术，文创产品可以实现智能化的管理和控制，提升使用的便捷性和效率。这些智能功能和服务，不仅提升了文创产品的附加值，还增强了产品的市场竞争力。

（二）可持续发展

1. 环保材料的使用

可持续发展理念在文创产品市场中的重要性日益凸显。消费者对环保和可持续发展的关注促使文创产品在设计和制作过程中更加注重材料的选择和工艺的环保性。例如，使用可降解材料和环保染料、采用低碳排放的生产工艺等，都是提升文创产品市场竞争力的重要手段。一些文创品牌开始使用生物降解材料制作产品，减少对环境的影响，或使用环保染料，减少化学物质的排放，保护生态环境。

2. 低碳生产工艺

除了材料的选择，生产工艺的环保性也是可持续发展的重要方面。文创企业需要在生产过程中采用低碳排放的工艺，减少能源消耗和污染排放。例如，通过优化生产流程，提升能源利用效率；通过技术创新，减少生产过程中的废弃物和污染物排放。这些低碳生产工艺，不仅提升了文创产品的环保性能，还增强了企业的社会责任感和市场竞争力。

3. 可持续品牌建设

消费者对于具有环保理念和社会责任感的品牌更加青睐，这进一步推动了文创产品市场的可持续发展。文创企业需要通过可持续品牌建设，提升品牌的市场认知度和美誉度。例如，通过参与公益活动，展示企业的社会责任感；通过环保宣传，提升消费者的环保意识。这些可持续品牌建设，不仅增强了品牌的市场竞争力，还促进了文创产品市场的可持续发展。

第二节　文创产品的市场定位与竞争优势

一、市场定位策略

（一）细分市场定位

细分市场定位是文创产品市场策略的基石，其理论基础是市场细分理论，该理论认为市场是由具有不同需求和消费欲望的消费者构成，要求企业对市场进行细致的划分，以便更精准地满足不同消费者群体的需求。细分市场的过程涉及对消费者的人口统计特征、心理特征、行为特征等多维度的分析。例如，根据消费者的年龄，可以将市场细分为青少年市场、中年人市场和老年人市场；根据性别，可以分为男性市场和女性市场；根据职业，可以分为学生市场、白领市场和蓝领市场等。每个细分市场都有其独特的需求和偏好，文创产品的设计和营销策略需要针对这些特点进行定制。

在细分市场的基础上，文创产品可以通过定制化的设计和营销活动，更好地满足目标消费者的需求。例如，针对青少年市场的文创产品应当强调时尚、潮流和个性化，而针对中老年市场的文创产品则应当更注重传统文化的传承和情感的共鸣。通过细分市场定位，文创产品不仅能够提高市场覆盖率，还能够增强消费者对品牌的忠诚度和产品的市场竞争力。细分市场定位的实践需要企业具备深入的市场洞察力和精准的市场分析能力，以及灵活的产品开发和营销策略调整能力。

（二）文化定位

文化定位是文创产品市场定位的核心，它涉及对产品所承载的文化内涵和文化符号的深入挖掘和精准定位。文创产品的文化定位不仅需要反映出产品的文化特色，还需要与目标市场的文化需求相契合。例如，如果产品定位于传统文化，那么其设计元素和故事背景应该能够体现中国传统文化的精髓，如书法、中国画、传统节日等。通过将这些文化元素融入产品设计中，使文创产品不仅能够传递文化价值，还能够激发消费者的文化认同感和购买欲望。

文化定位还包括对文化符号的创造性运用。文创产品可以通过对传统符号的现代诠释，创造出既有文化底蕴又符合现代审美的产品。例如，将传统的龙凤图案与现代设计风格相结合，创造出既有传统韵味又具现代感的文创产品。这种文化定位不仅能够提升产品的市场吸引力，还能够增强其在国际市场中的文化影响力。

文化定位的理论基础在于文化经济学和文化产业理论，这些理论认为文化产品不仅是商品，它们还承载着文化价值和象征意义。文化定位需要企业深入理解目标市场的文化背景和文化需求，以及消费者对文化产品的认知和接受程度。文化定位的实践需要企业具备深厚的文化底蕴和创新能力、拥有国际视野和跨文化的沟通能力，以及对文化趋势的敏锐洞察力。

（三）品牌定位

品牌定位是文创产品市场竞争力的关键，它涉及品牌形象、品牌价值和品牌故事的构建。一个成功的品牌定位能够使文创产品在众多竞争者中脱颖而出，赢得消费者的信任和忠诚。品牌定位需要结合产品的细分市场定位和文化定位，形成统一的品牌策略。例如，如果文创产品定位于传统文化，那么其品牌形象应该能够体现出传统文化的庄重和深厚，品牌故事则应该围绕传统文化的传承和发展展开。

品牌定位还包括对品牌个性和品牌识别度的塑造。文创产品可以通过独特的品牌标识、品牌口号和品牌形象，建立起高识别度的品牌形象。例如，文创产品通过设计独特的LOGO、制定鲜明的品牌口号和打造独特的品牌视觉形象，在消费者心中建立起清晰的品牌印象。这种品牌定位不仅能够提升产品的市场竞争力，还能够增强品牌的整体性和一致性。

品牌定位的理论基础在于品牌理论，该理论认为品牌是消费者对产品或服务的认知和情感的总和，品牌定位是企业在消费者心中建立独特品牌形象的过程。品牌定位需要企业深入理解目标市场的消费者心理和行为特征，以及消费者对品牌的认知和期望。品牌定位的实践需要企业具备强大的品牌管理能力和创新能力，以及对市场趋势的敏锐洞察力。

二、竞争优势分析

（一）独特的创意设计

在文创产品的竞争优势分析中，独特的创意设计占据着至关重要的地位。创意设计不仅是产品外观的塑造，更是将文化内涵与现代审美相结合。它要求设计师深入挖掘文化资源，将文化元素与现代设计理念相融合，创造出既具有文化深度又符合现代消费者审美需求的产品。例如，设计师可以通过对中国古典文学、历史故事、民间传说等文化资源的重新解读，将其转化为视觉符号和设计元素，创造出具有独特文化标识的文创产品。这种设计不仅能够吸引消费者的关注，更能够激发消费者对文化的好奇心和探索欲，从而提升产品的市场吸引力。

创意设计还涉及产品功能的创新。在满足审美需求的同时，文创产品还需要提供实用的功能，以满足消费者的日常需求。例如，设计师可以将传统的文房四宝与现代办公需求相结合，设计出既具有传统文化特色又符合现代办公环境的文具产品。这种设计不仅能够提升产品的实用性，还能够增强消费者对产品的好感度和忠诚度。此外，创意设计还包括对用户体验的重视。文创产品的设计应该考虑到用户的实际使用场景，通过人性化的设计提升用户的使用体验。例如，设计师可以通过对产品尺寸、重量、操作界面的优化，使产品更加符合人体工学，从而提升用户的使用舒适度。这种对用户体验的关注不仅能够提升产品的市场竞争力，还能够增强品牌的整体形象。

（二）高质量的制作工艺

高质量的制作工艺是文创产品赢得市场信任的基石。在消费者对产品质量要求日益提高的今天，文创产品必须通过精湛的制作工艺和严格的质量控制，确保产品在外观、功能和使用体验等方面的高品质。这不仅要求生产过程中选用优质材料，采用先进的工艺技术，还需要进行严格的质量检测，确保每一个生产环节都达到高标准。例如，对于采用传统工艺的文创产品，企业需要确保工艺的传承性和纯正性，同时结合现代技术进行创新，以提升产品的质量和市场竞争力。

高质量的制作工艺还包括对产品可持续性的考虑。在环保意识日益增强的背景下，文创产品在设计和制作过程中应该注重环保和资源的可持续利用。例如，采用可回收材料、减少能源消耗、优化生产流程等措施，不仅能够减少对环境的影响，还能够提升产品的社会价值和市场竞争力。这种对可持续发展和环境保护的关注不仅符合社会责任的要求，也是提升品牌形象的重要途径。

（三）强大的文化内涵

强大的文化内涵是文创产品的核心竞争力。文创产品通过深入挖掘和传承传统文化，能够为消费者提供丰富的文化体验，引发情感共鸣。这要求文创产品在设计时不仅要注重外观的美感，更要注重其中所蕴含的文化内涵的深度和广度。例如，通过对历史文化、民俗文化、地方文化等元素的研究和应用，将其融入产品的设计灵感和故事背景，提升产品的文化价值和市场吸引力。这种强大的文化内涵不仅能够提升产品的市场竞争力，还能够增强其在国际市场中的影响力和认可度。

文化内涵还包括对文化创新的追求。文创产品不仅要传承传统文化，还要在传承的基础上进行创新。这种创新不仅体现在设计理念上，还体现在技术应用和市场策略上。例如，将传统的文化元素与现代科技相结合，创造出既有传统韵味又具现代感的产品。文化创新不仅能够满足消费者对新鲜事物的追求，还能够推动文化的传承和发展。

第三节 营销策略与推广手段

一、品牌建设

（一）品牌定位

1. 品牌定位的理论基础

品牌定位是品牌战略的灵魂，它关乎如何在消费者心中塑造一个独一无二且具有吸引力的品牌形象。这一过程不仅是市场营销的策略，更是品牌资产构建的核心。根据David A·Aaker（大卫·艾克）的品牌资产理论，品牌定位是品牌识别系统的关键组成部分，它涵盖了品牌形象、品牌个性以及品牌价值主张等多个维度。品牌形象是指消费者对品牌的总体感知，它包括品牌的视觉元素、口号、广告风格等。品牌个性则是品牌拟人化的特质，它使品牌在消费者心中具有类似人的性格特征。品牌价值主张是品牌向消费者承诺的核心利益，它是品牌与消费者之间建立情感联系的桥梁。

成功的品牌定位能够帮助企业在激烈的市场竞争中脱颖而出，通过建立差异化优势，使品牌在消费者心中占据独特的位置。这种差异化不仅体现在产品特性上，更体现在品牌所传递的情感价值和文化内涵上。因此，品牌定位不仅是市场细分和目标市场选择的结果，更是企业文化、品牌理念和市场策略的综合体现。

2. 品牌定位的实践策略

（1）市场细分与目标市场选择

市场细分是品牌定位的起点，它要求文创企业深入理解不同消费者群体的需求、偏好和购买行为。通过市场细分，企业可以将广泛的市场划分为具有不同特征的子市场，从而更精准地定位目标消费者。例如，针对年轻消费者群体，品牌需要强调产品创新和时尚元素，以迎合他们对新鲜事物的好奇心和追求个性化的需求。而对于中老年消费者群体，品牌则应当突出产品的文化价值和历史深度，以满足他们对传统文化的热爱和尊重。

（2）竞争分析与差异化定位

竞争分析是品牌定位的重要环节，它能够帮助文创企业识别市场上的竞争态势，分析竞争对手的优势与不足。通过对竞争对手的深入分析，企业可以找到市场中的空白点或竞争对手的不足之处，从而确定自己的差异化定位。例如，如果市场上大多数文创产品侧重于传统文化的再现，企业可以将自己的产品定位为将传统文化与现代设计相结合的创新文创产品，通过创新的设计理念和现代的制作工艺，为消费者提供既有文化底蕴又符合现代审美的产品。

（3）品牌核心价值与传播信息

品牌核心价值是品牌定位的灵魂，它是品牌向消费者承诺的核心利益，是品牌与消费者之间建立情感联系的桥梁。品牌传播信息则是品牌核心价值的具体表达，它需要简洁、有力，并能够引起目标消费者的共鸣。例如，故宫文创品牌通过强调"传统与现代的融合"，成功地传达了其品牌价值，即在尊重和传承传统文化的基础上，融入现代设计元素，创造出既具有历史价值又符合现代审美的文创产品。

（4）品牌形象的一致性

品牌形象的一致性是品牌定位成功的关键，它要求品牌在所有接触点上保持一致的视觉和语言风格。这种一致性不仅体现在产品设计、广告、包装等视觉元素上，更体现在店铺体验、客户服务等非视觉元素上。通过保持品牌形象的一致性，企业可以加强品牌在消费者心中的形象，提升品牌认知度和消费者对品牌的忠诚度。

（二）品牌传播

1. 品牌传播的理论框架

品牌传播是实现品牌定位的重要手段，它涉及如何有效地将品牌信息传递给

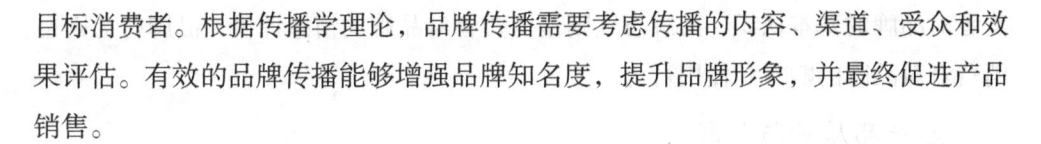

目标消费者。根据传播学理论，品牌传播需要考虑传播的内容、渠道、受众和效果评估。有效的品牌传播能够增强品牌知名度，提升品牌形象，并最终促进产品销售。

2.品牌传播的策略实施

（1）多渠道传播策略

文创企业应利用多种传播渠道，包括社交媒体、传统媒体、公关活动、事件营销等，以覆盖更广泛的受众群体。例如，通过社交媒体平台发布与文化相关的内容，可以吸引文化爱好者的关注。同时，通过传统媒体如电视、杂志等渠道，可以触达更广泛的消费者群体。公关活动和事件营销则可以通过创造话题和事件，提高品牌的曝光度和讨论度。

（2）内容营销与故事讲述

内容营销是品牌传播的重要组成部分，通过讲述品牌故事、产品背后的文化故事，可以与消费者建立情感连接。例如，通过讲述文创产品设计背后的历史故事，可以增加产品的文化价值。故事讲述不仅能够吸引消费者的注意力，更能够激发他们的情感共鸣，从而增强品牌与消费者之间的联系。

（3）品牌合作与跨界营销

与其他品牌或文化机构的合作可以扩大品牌的影响力。例如，与知名艺术家或设计师合作推出限量版产品，可以提升品牌的艺术价值和市场吸引力。跨界营销则可以通过与其他行业的合作，为品牌带来新的消费者群体和市场机会。

（4）效果评估与调整

品牌传播的效果需要通过市场调研、消费者反馈等方式进行评估，并根据评估结果进行策略调整。这种持续的优化过程有助于确保品牌传播的有效性。通过定期的效果评估，企业可以了解品牌传播的实际效果，及时调整传播策略，更好地满足消费者的需求和市场的变化。

（三）品牌维护

1.品牌维护的理论基础

品牌维护是确保品牌长期健康发展的关键，它涉及如何保持和提升品牌的价值。根据 Kevin Lane Keller（凯文·莱恩·凯勒）的品牌忠诚度阶梯理论，品牌维护需要从品牌认知、品牌态度到品牌行为的各个层面进行管理。品牌认知是消费者对品牌的基本认识，品牌态度则是消费者对品牌的情感评价，品牌行为则是消费者对品牌的购买和使用行为。

2. 产品质量与创新

持续提供高质量的产品是品牌维护的基础。文创企业需要不断进行产品创新，以满足消费者不断变化的需求。例如，通过引入新技术或新材料，可以提升产品的功能性和美观性。同时，高质量的产品也能够增强消费者对品牌的信任和满意度。

（1）客户服务与体验

优质的客户服务可以增强消费者的满意度和忠诚度。文创企业应确保在售前、售中和售后各个环节为消费者提供一致的高标准服务。良好的客户体验不仅能够提升消费者的购买意愿，更能够在消费者心中树立品牌的良好形象。

（2）社会责任与公益活动

积极履行社会责任和参与公益活动可以提升品牌的社会形象。例如，通过支持文化遗产保护项目，文创企业能够增强品牌的文化价值，提升品牌的社会影响力，还能够在消费者心中树立品牌的正面形象。

（3）危机管理与品牌形象修复

面对可能发生的危机事件，文创企业需要具备有效的危机管理策略。快速反应及时、透明地与消费者进行沟通，并采取适当的应对措施，可以帮助修复品牌形象。有效的危机管理不仅能够减少危机对品牌的负面影响，更能够在危机中展现品牌的责任感和应对能力，从而增强消费者对品牌的信任度。

二、营销渠道

（一）线上渠道

在数字化时代，线上渠道已成为文创产品营销中不可或缺的一环。线上渠道的便捷性、广泛性和互动性为文创企业提供了前所未有的市场机会。通过电商平台、社交媒体和官方网站等，文创企业能够直接触达全球消费者，实现产品的快速推广和销售。

1. 电商平台

电商平台如天猫、京东、拼多多等，为文创企业提供了庞大的用户基础和成熟的交易系统。在这些平台上，企业可以通过开设品牌旗舰店，利用平台的流量

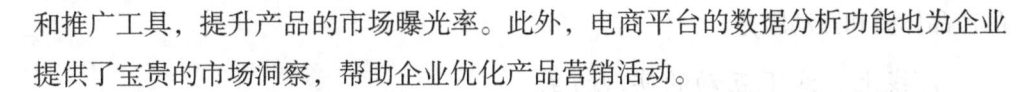

和推广工具，提升产品的市场曝光率。此外，电商平台的数据分析功能也为企业提供了宝贵的市场洞察，帮助企业优化产品营销活动。

2.社交媒体

社交媒体平台如微信、微博、抖音、小红书等，已成为品牌传播和用户互动的主要平台。文创企业可以通过发布高质量的内容，如产品故事、用户评价、互动活动等，吸引用户的关注和参与。社交媒体的强互动性和传播性，使品牌信息能够迅速扩散，形成口碑效应。

3.官方网站

官方网站是文创企业展示品牌形象和产品信息的重要窗口。一个设计精良、功能完善的官方网站，不仅能够提升用户体验，还能够增强品牌的专业形象。通过 SEO（搜索引擎优化）和内容营销，官方网站可以吸引更多有购买意向的访问者，将浏览询问转化为实际的购买行为。

（二）线下渠道

尽管线上渠道日益重要，线下渠道依然具有不可替代的价值。实体店铺和体验店等为消费者提供了直观的产品体验和面对面的服务。在旅游景点、文化园区和城市商圈开设文创产品专卖店，不仅能够吸引游客和市民，还能够作为品牌文化的传播点。

1.实体店铺

实体店铺的设计和服务是文创产品线下营销的关键。通过营造独特的购物环境和提供个性化的服务，实体店铺能够提升消费者的购物体验。例如，通过艺术展览、主题活动和互动体验，实体店铺能够吸引消费者的兴趣，增强品牌的吸引力。

2.体验店

体验店是文创产品线下营销的创新模式。通过提供产品试用、DIY 工作坊等互动体验，体验店不仅能够展示产品的独特性，还能够提升消费者对文创产品的理解和欣赏。这种深度的互动体验有助于建立消费者与品牌之间的情感联系。

（三）渠道整合

通过整合线上和线下渠道，文创企业能够实现全渠道覆盖，提升营销效果。线上渠道的优势在于广泛的覆盖面和便捷的购物体验，而线下渠道则提供了真实的产品体验和互动服务。

1. 线上、线下互动的实现方式

实现线上、线下互动的关键在于创造无缝的用户体验。例如，通过线上平台进行产品预售和宣传，吸引消费者到线下店铺进行体验和购买；同时，线下店铺可以通过扫描二维码等方式，引导消费者在线上平台进行购买和分享。这种互动不仅提升了销售额，还增强了消费者的购买体验和对品牌的认同感。

2. 数据驱动的渠道优化

数据分析是渠道整合的重要支撑。通过收集和分析线上和线下渠道的数据，文创企业可以了解消费者的行为模式和偏好，优化渠道策略。例如，通过分析线上购买数据，企业可以调整线下店铺的库存和展示策略；通过分析线下体验数据，企业可以优化线上内容和营销活动。

三、推广手段

（一）内容营销

1. 内容营销的定义与重要性

内容营销是一种通过创造和分享有价值的、相关的、一致的产品内容来吸引和留住目标受众的营销策略。在文创产业中，内容营销尤为重要，它不仅能够推广产品，还能够传播文化价值和品牌故事。内容营销策略的核心在于通过高质量的内容，建立与消费者的情感联系，从而提升消费者对品牌的忠诚度和品牌的市场竞争力。

2. 内容营销的实施策略

（1）讲述品牌故事

文创企业应深入挖掘品牌背后的故事，包括创始人的理念、产品的设计灵感、文化元素的融入等。这些故事应通过各种媒介如博客、微信公众号、短视频等社交媒体平台进行传播，以增强品牌的情感价值和认知度。

（2）文化解读

通过撰写深刻的文化解读文章或举办讲座，文创企业可以引导消费者，提升他们对文创产品的理解和欣赏。这种教育性的内容营销，有助于建立品牌作为文化传播者的形象。

（3）视觉内容的创作与传播

利用高质量的图片、视频和动画来展示产品的独特性和品牌的文化内涵。这些视觉内容应设计的既美观又具有教育意义，能够在社交媒体和视频平台上广泛传播。

3. 内容营销的效果评估

内容营销的效果评估应基于定量和定性的分析。定量分析包括内容浏览量、分享次数、转化率等指标，而定性分析则关注消费者反馈、品牌形象的提升等。通过这些评估，文创企业可以不断优化内容策略，确保内容营销的有效性。

（二）社交媒体营销

1. 社交媒体的营销策略与实践

社交媒体营销是通过社交媒体平台与消费者建立互动关系的过程。在文创产业中，这种营销方式尤其有效，因为它能够快速传播品牌信息，并与消费者建立直接的沟通渠道。

（1）平台选择与内容规划

文创企业应根据目标受众的特点选择合适的社交媒体平台（如微博、微信、抖音等），并制定相应的内容发布计划。内容应多样化，包括产品介绍、用户故事、互动活动等，以吸引不同类型的用户。

（2）互动与社区建设

通过评论、点赞、转发等互动方式，文创企业可以增强与消费者的联系。此外，建立品牌社区，如微信群、微博话题等，可以进一步加深用户的参与感和归属感。

（3）与网红和KOL合作

与具有影响力的网红和KOL（关键意见领袖）合作，可以快速提升品牌的知名度和影响力。这种合作应基于共同的价值和目标，确保内容的真实性和相关性。

2. 社交媒体营销的挑战与对策

社交媒体营销面临的挑战包括信息过载、用户注意力分散等。文创企业应通过创新的内容形式和互动方式来吸引用户的注意力，并通过数据分析来优化营销策略。

(三)品牌合作与跨界营销

1.品牌合作与跨界营销的策略

品牌合作与跨界营销是一种通过与其他品牌、企业或机构的合作来拓展市场和增强品牌影响力的策略。在文创产业中,这种合作可以带来创新的产品和独特的营销活动。

(1)联名产品的开发

通过与知名品牌合作开发联名产品,文创企业可以吸引双方品牌的粉丝,扩大市场影响力。这种合作应注重产品的创意和文化价值,确保双方品牌的核心价值都能得到体现。

(2)文化与艺术的融合

与文化机构、艺术家和设计师的合作可以提升文创产品的艺术价值和文化深度。这种合作可以通过展览、工作坊等形式进行,以增强品牌的文化形象。

(3)地点营销的利用

与旅游景点、文化园区和商业综合体的合作可以为文创产品提供独特的展示和销售平台。通过在这些地点举办品牌展览和体验活动,文创企业可以直接接触到目标消费者,提升品牌的吸引力。

2.品牌合作与跨界营销的评估与优化

品牌合作与跨界营销的效果评估应包括合作品牌的知名度提升、销售增长、市场反馈等指标。通过定期的评估和反馈,文创企业可以不断优化合作策略,确保合作的长期效益。

第四节　数字文创的市场应用

一、数字文创的特点

(一)广阔的创作空间

1.随时随地的访问与体验

在互联网和移动设备普及的今天,数字文创可以随时随地通过在线平台、移动应用等途径被用户访问和体验。这种突破时空限制的特性极大地拓宽了数字文

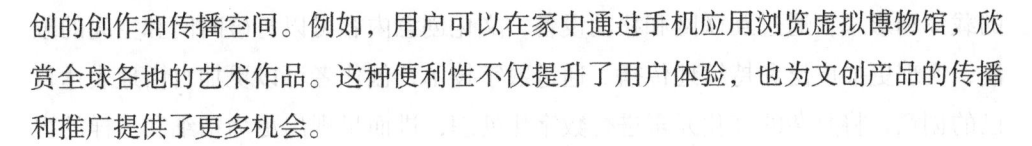

创的创作和传播空间。例如，用户可以在家中通过手机应用浏览虚拟博物馆，欣赏全球各地的艺术作品。这种便利性不仅提升了用户体验，也为文创产品的传播和推广提供了更多机会。

2. 个性化体验与参与性

数字文创强调用户的个性化体验和参与性。用户可以根据自己的兴趣和需求，选择、定制独一无二的数字文创产品。通过数据分析和个性化推荐，数字文创能够提供更符合用户偏好和品位的内容和体验。例如，结合科技、艺术、设计、传媒等不同领域的元素和概念，创造出新颖、独特且具有创意的数字化产品，为数字文创带来更广阔的创作和发展空间。

3. 技术赋能与沉浸式体验

以敦煌数字文创"千年一瞬·敦煌九色鹿限定数字壁画"（图6-1）为例，这是敦煌文创推出的首个数字文创产品，采用区块链技术验证，确保每一块"数字壁画"均独一无二。通过手机App扫描产品实物，屏幕中会出现虚实穿梭的"任意门"，将人们从现实世界带到敦煌莫高窟257窟的数字空间中，著名的敦煌壁画《鹿王本生图》会浮现出来。体验者可以通过视觉、听觉、触觉等多种感官来体验数字文创的魅力。它既可以作为实物摆件，又融合了"AI+AR"技术带来的沉浸式体验，为数字文创赋予了全新的感官体验和互动玩法。

图6-1 "千年一瞬·敦煌九色鹿限定数字壁画"

4. 数字文创的特点

数字文创具有数字化表达、跨越时空限制、个性化和互动性、多媒体融合、跨界融合与创新、可持续发展等特点。数字技术使文化创意内容不再局限于传统的载体和形式，通过互联网和移动设备，文化创意内容可以打破时间和空间的限制，实现更加广泛和持续地传播。通过数字技术，创作者可以更加自由地表达自己的创意，将复杂的文化元素进行数字化处理，进而呈现出更为精细和多样的视觉效果。

（二）多媒体融合与跨界创新

1. 多媒体融合的表现形式

多媒体融合作为一种创新的文化表达方式，通过整合不同的媒介元素，如文字、图像、音频和视频，为用户提供了一种全方位、多感官的文化体验。这种融合不仅是技术层面的结合，更是内容创作和用户体验设计上的深度整合。

（1）文字与图像的结合

在多媒体融合中，文字与图像的结合是最基础也是最常见的形式。文字提供了详细的信息和深入的释义，而图像则通过视觉元素增强信息的直观性和吸引力。例如，在数字化的历史书籍中，文字描述可以与历史事件的插图或照片相结合，使读者能够更直观地理解历史事件发生的背景和文化内涵。这种结合不仅提高了信息的传递效率，也增强了用户的阅读体验。

（2）音频与视频的融合

音频与视频的融合则提供了更为生动和沉浸式的体验。音频可以通过背景音乐、旁白或对话等形式，增强视频内容的情感表达和氛围营造。在数字博物馆或在线展览中，观众可以通过观看视频了解展品，同时通过音频解说深入了解其历史背景和文化意义。这种融合使文化内容更加丰富和立体，极大地提升了用户的参与感和体验感。

（3）互动性与多媒体的结合

随着技术的发展，互动性成为多媒体融合中的一个重要方向。通过触摸屏、手势识别或VR技术，用户可以直接与多媒体内容进行互动，这种互动不仅限于简单地点击或滑动，更包括了深度参与和个性化体验。

（4）多媒体融合的技术支持

多媒体融合的实现依赖于先进的技术支持，包括高清视频编解码技术、3D建模与渲染技术、音频处理技术等。这些技术的进步使多媒体内容的质量和表现力得到了极大的提升。同时，云计算和大数据的应用也为多媒体内容的存储、传输和个性化推荐提供了可能，使多媒体融合能够更好地服务于用户需求。

2. 跨界融合的创新形式

跨界融合是数字文创领域中的一种创新实践，它通过将不同领域和行业的元素、技术和理念相结合，创造出全新的文创产品和体验方式。这种融合不仅拓宽了文创产品的创作边界，也为文创产业的发展带来了新的机遇。

（1）科技与文化的融合

在文创产业的跨界融合中，科技与文化的融合尤为突出。例如，VR 和 AR 技术的应用，使用户可以沉浸在一个完全由数字技术构建的文化世界中。在数字化的艺术展览中，观众可以通过 VR 头盔体验到置身于画廊的真实感受，这种体验不仅提供了全新的观赏方式，也极大地扩展了艺术作品的展示空间和观众的参与度。

（2）区块链与文创的结合

区块链技术的引入为数字文创产品的版权保护和价值传递提供了新的解决方案。通过区块链技术，每一件数字文创产品都可以拥有一个不可篡改的数字身份，这不仅确保了作品的原创性和唯一性，也为数字文创产品的交易和收藏提供了安全保障。此外，区块链技术还可以用于创建"去中心化"的文创市场，使创作者和消费者可以直接进行交易，减少了中间环节，提高了效率。

（3）AI 与内容创作

AI 在内容创作领域的应用也是文创产业跨界融合的一个重要方向。AI 可以通过学习大量的文化数据，自动生成音乐、绘画、文学作品等，这种创作方式不仅提高了创作效率，也为文创产品设计带来了新的可能性。

（4）跨界融合的社会影响

文创产业的跨界融合不仅在技术和产品层面带来了创新，也在社会文化层面产生了深远的影响。它促进了不同文化之间的交流与融合，推动了文化的多元化发展。同时，文创产业的跨界融合也带来了新的商业模式和市场机会，为文创产业的发展注入了新的活力。然而，跨界融合也带来了新的挑战，如版权保护、文化认同等问题，这需要我们在推动跨界融合的同时，也要关注其可能带来的社会和文化影响。

（三）个性化与互动性

1. 个性化定制服务

个性化定制服务是数字文创产品的一项核心功能，它通过深入分析用户的行为数据、偏好和需求，为用户提供量身定制的内容和体验。这种服务模式不仅极大地提升了用户的满意度和忠诚度，也为文创产品的创作者和开发者提供了宝贵的市场反馈和更广阔的商业机会。

（1）数据驱动的个性化推荐

在数字文创领域，个性化推荐系统是实现定制服务的关键技术之一。这一系统通常基于机器学习和大数据分析技术，通过分析用户的历史行为、社交网络互动、搜索习惯等数据，来预测用户的兴趣和需求。

（2）定制化内容创作

除了个性化推荐系统，数字文创产品还提供了定制化内容创作的功能。用户可以根据自己的喜好和需求，参与到内容的创作过程中。例如，用户可以选择不同的艺术风格、色彩和元素，通过简单的操作，创作出独一无二的数字文创作品。这种参与式的创作体验，不仅满足了用户的个性化需求，也激发了用户的创造力和参与热情。

（3）实现个性化体验的技术手段

实现个性化定制服务依赖于多种技术手段，包括但不限于用户画像构建、NLP、计算机视觉和深度学习等。用户画像通过收集和分析用户的多维度数据，构建出用户的个性化特征模型。NLP技术使系统能够理解和处理用户的自然语言输入，提供更为精准的服务。计算机视觉技术则用于分析和理解图像和视频内容，为用户推荐感兴趣的视觉内容。深度学习技术通过模拟人脑的神经网络结构，提高了个性化推荐的准确性和效率。

（4）个性化定制服务对社会文化影响

数字文创产品的个性化定制服务不仅体现了技术创新，也对社会文化产生了深远的影响。它促进了文化的多样性发展，满足了不同用户群体的特定需求。同时，个性化定制服务也带来了隐私保护和数据安全的问题，这需要我们在享受个性化定制服务的同时，也要关注其可能带来的社会和伦理问题。

2. 互动体验与沉浸感

互动体验与沉浸感是数字文创产品的另一个重要特点，它通过创新的互动设计和沉浸式技术，为用户提供了一种全新的文化体验方式。这种体验不仅增强了用户的参与感和沉浸感，也极大地丰富了文化内容的传播和表达形式。

（1）互动设计的创新

在数字文创产品中，互动设计是提升用户体验的关键。通过触摸屏、手势识别、语音交互等技术，用户可以与数字内容进行更为自然和直观的互动。例如，在数字博物馆中，用户可以通过手势操作旋转和放大展品的3D模型，这种互动不仅提供了更为丰富的视觉体验，也增强了用户对展品细节的了解。

（2）沉浸式技术的应用

沉浸式技术，如VR、AR和MR（混合现实），为数字文创产品提供了全新的展示和体验平台。通过这些技术，用户可以沉浸在一个完全由数字构建的环境中，体验到身临其境的感觉。例如，在VR艺术展览中，用户可以自由地探索虚拟画廊，近距离观看艺术作品，这种沉浸式体验极大地提升了用户的参与感，能够激发用户的情感共鸣。

（3）实现互动与沉浸感的技术手段

互动体验与沉浸感的实现依赖于多种技术手段，包括交互设计、3D建模、实时渲染、空间定位等。交互设计关注用户与产品之间的互动方式，通过优化用户界面和交互流程，提升用户体验。3D建模和实时渲染技术则用于创建高质量的虚拟环境和内容，为用户提供逼真的视觉体验。空间定位技术，如室内定位系统和光学追踪，确保用户在虚拟环境中的位置和动作能够被准确捕捉和反馈。

（4）互动体验的社会文化影响

数字文创产品的互动体验与沉浸感不仅体现了技术创新，也对社会文化产生了深远的影响。它促进了文化的互动性和参与性，使文化内容更加生动和有趣。同时，互动体验也促进了文化的传播，为文化产业的发展带来了新的机遇。然而，互动体验也可能带来过度沉浸和现实脱节的问题，这需要我们在推动互动体验的同时，也要关注其可能带来的社会和心理影响。

（四）可持续发展与环境保护

1.数字化保存与传播

数字化保存与传播是数字文创产品在可持续发展与环境保护方面的重要体现。通过数字技术，文化创意内容得以通过数字形式保存，不仅极大地减少了资源的消耗，还为文化遗产的保护和传承提供了新的途径。

（1）文化遗产的数字化保护

文化遗产的数字化保护是利用数字技术对文物、艺术品、历史文献等进行高精度的扫描和记录,并创建数字副本。这种方法可以有效地防止原物的损坏和遗失,同时为研究者和公众提供更为便捷的访问途径。例如,敦煌壁画的数字化项目就通过高分辨率摄影和三维扫描技术,创建了壁画的数字副本,使这些珍贵的文化遗产得以在全球范围内传播。

(2)数字化的传播优势

数字化的传播优势在于其无界限性和即时性。通过互联网,数字文创产品可以迅速传播到全球各地,不受地理位置和时间的限制。这种传播方式极大地扩展了文化内容的影响范围,使更多的人能够接触和了解不同的文化。例如,数字图书馆和在线博物馆允许用户随时随地访问文化资源,这种便捷的访问方式促进了文化的普及和教育。

(3)数字化保存的技术挑战

尽管数字化保存具有许多优势,但其实现过程中也面临着许多技术挑战。首先是数据存储和处理的问题,随着数字内容的不断增加,如何有效地存储和管理这些数据成了一个重要问题。其次是数字内容的长期保存问题,数字媒体和技术不断更新换代,如何确保数字内容在未来仍然可以被访问和解读是一个需要解决的难题。最后,版权保护和隐私问题也是数字化保存中需要关注的重要议题。

(4)数字化保存的社会文化影响

数字化保存不仅是技术层面的创新,也对社会文化层面产生了深远的影响。它促进了文化的多样性和普及性,使文化遗产得以跨越时间和空间的限制,被更广泛地传播和欣赏。然而,数字化保存也带来了文化认同和传承的问题,如何在数字化的进程中保持文化的原真性和连续性,是一个值得深思的问题。

2.减少资源消耗与环境保护

数字文创产品的发展不仅推动了文化产业的创新,也在环境保护方面发挥了积极作用。通过减少对资源的依赖,数字文创产品有助于节约能源和减少碳排放,实现文化产业的绿色发展。

(1)减少实体资源消耗

传统的文创产品生产往往需要消耗大量的纸张、塑料、金属等原材料,这些资源的采集和加工过程会对环境造成一定的影响。而数字文创产品以数字形式被创作和保存,大大减少了资源的消耗。例如,电子书籍取代了部分纸质书籍,电子音乐和电影取代了实体唱片和DVD,这些转变不仅方便了消费者,也减少了资源的浪费。

（2）节约能源与减少碳排放

相比传统的文创产品生产，数字文创产品在生产和传播过程中，能够有效减少能源消耗和碳排放。数字化的生产过程减少了资源的消耗，而数字内容的在线传播则避免了物理运输和仓储的需求。这些改变有助于减少温室气体的排放，对环境保护具有积极意义。

（3）绿色发展的社会责任

数字文创产业在追求技术创新的同时，也应承担起社会责任，关注环境保护和可持续发展。这不仅包括减少资源消耗和碳排放，还包括在产品设计、生产和传播过程中推广绿色消费理念。例如，数字平台可以鼓励用户进行电子阅读和在线学习，减少纸张的使用，同时也可以通过教育内容传播环保知识，增强公众的环保意识。

（4）数字文创产品对推进环境保护的作用

数字文创产品在推动环境保护的同时，也在影响着社会的价值观念和文化行为。它促进了绿色生活方式的普及，鼓励人们在日常生活中采取环保行动。同时，数字文创产品也在传递着积极的社会责任和文化价值，引导公众关注环境问题，共同推动社会的和谐与进步。

二、数字文创的多元价值

（一）文化遗产的传承与保护

1. 数字化保存与再现

数字文创在文化遗产的传承与保护方面具有重要的价值。通过数字化技术，历史文献、传统技艺、历史文物等文化遗产可以得到有效地保存和传承，从而避免因时间、灾害或其他因素而受到破坏或遗失。例如，利用3D扫描和建模技术，可以对历史文物进行精细的数字化记录，保留其形态和细节。这种数字化保存方式不仅可以避免文物的损坏和丢失，还可以为未来的研究和展示提供丰富的资料。

2. 虚拟展示与教育

通过VR技术，文化遗产可以在数字空间中得到生动的展示。例如，数字博物馆通过VR技术再现历史场景、还原历史文物，让观众能够身临其境地了解和体验历史文化。这种虚拟展示方式不仅丰富了文化遗产的传播途径,也为用户提供了全新的教育体验,增强了文化传承的效果。

(二)文化创意产业的发展

1. 市场拓展与用户体验

数字文创产品为文化创意产业带来了新的发展机遇。通过将传统文化元素数字化,设计师可以将其转化为具有市场价值的数字产品,从而扩大目标受众的范围,促进产业经济效益的增长。数字文创产品可以通过在线平台和移动应用,实现全球范围内的传播和销售。同时,数字文创产品还可以通过互动体验和个性化定制,提升用户的参与感和满意度,增强用户与产品之间的情感连接。

2. 创新模式与就业机会

数字文创产品的创新模式不仅为文化创意产业带来了新的发展空间,也创造了更多的就业机会。例如,数字文创产业的发展需要大量的技术人员、设计师、艺术家等专业人才,从而带动了相关领域的就业和经济发展。

三、数字技术在数字文创中的应用

(一)虚拟文化空间维度下的数字文创设计

1. 面向虚拟环境的空间设计

(1)数字技术对虚拟空间的重构

空间是信息流动的场所,数字技术对虚拟空间的重构使信息流动的空间从缺场走向了虚拟在场。传统的人类活动空间以身体和感官介入为主要方式,这种方式受到物理条件的限制,对时间与空间具有严格的要求。因此,物理时空意义上的在场成为人类认知环境且从环境中获取信息的先天条件,也是体验感获得的重要因素。数字文创产品所存在的互联网虚拟空间,突破了传统意义上因物理条件而带来的时空限制,完成了一种空间上的拓展和时间上的延伸。数字文创产品设计对虚拟空间在场感的营造,可以通过对虚拟环境的空间设计,改善文化信息的呈现方式,使用户的文化体验更加丰富。

(2)物理环境增强型的数字文创

物理环境增强型的数字文创可以在现实空间中叠加信息,为用户在现实场景中提供更多层次的信息,目前此类文创产品在博物馆智慧导览领域中多有应用。

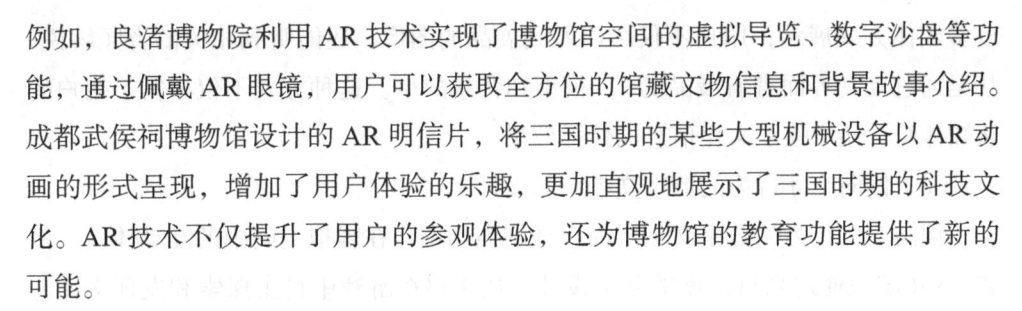

例如，良渚博物院利用 AR 技术实现了博物馆空间的虚拟导览、数字沙盘等功能，通过佩戴 AR 眼镜，用户可以获取全方位的馆藏文物信息和背景故事介绍。成都武侯祠博物馆设计的 AR 明信片，将三国时期的某些大型机械设备以 AR 动画的形式呈现，增加了用户体验的乐趣，更加直观地展示了三国时期的科技文化。AR 技术不仅提升了用户的参观体验，还为博物馆的教育功能提供了新的可能。

（3）空间模拟型的数字文创

空间模拟型的数字文创可以还原和再现某些空间或场景，尽可能为用户提供一个真实、沉浸的文化体验。例如，意大利罗马的拿破仑博物馆，俄罗斯圣彼得堡的艾尔米塔什博物馆，中国的北京故宫博物院、敦煌博物馆等，采用线上虚拟博物馆的方式开放了浏览业务，将现实的博物馆环境在云端的虚拟空间中进行了还原，让用户足不出户就可以感受到如实地参观一般的游览体验。这种沉浸式体验不仅增加了用户的参与感，还为历史研究提供了全新的视角和工具。

（4）纯虚拟空间型的数字文创

纯虚拟空间型的数字文创利用数字媒体技术构建了一个只存在于虚拟空间中的世界，这个虚拟空间并非对现实某种空间的模拟，而是表达了设计师或艺术家对历史文化元素精神内涵的理解与想象，是一种对传统文化观念的现代演绎。这种方式赋予了文化创意更大的自由度，设计师和艺术家可以大胆地创新和尝试，通过虚拟世界传递自己的思想和艺术理念。

2. 面向多元空间的交互体验

（1）虚拟空间中的交互行为

在元宇宙中，身体通过技术连接进入互联网环境之中，人的经验、直觉、情感也同样进入其中，同时对元宇宙环境的认知、情感、经验也会反馈至现实世界中。因此，关注虚拟空间中的交互行为变得十分重要。数字文创产品设计可以在虚拟空间中引导用户通过交互行为获得体验和认知。借助虚拟空间的优势，数字文创产品设计可以带来更多维度的文创交互体验，也可以通过对信息传达方式的再设计，强化文化的体验效果。

（2）偏向主体认知的数字文创产品设计

偏向主体认知的数字文创产品设计倾向于从用户对信息的认知方式的角度来改善文创产品设计，提高用户感知质量。例如，虚拟博物馆中的展品信息可以通过多媒体方式展示，用户不仅可以看到展品的图像，还能听到相关的音频解说，甚至通过互动界面查看展品的 3D 模型和背景故事。这种方式不仅丰富了用户的认知体验，还增强了文化信息的传播效果。

（3）偏向交互行为的数字文创产品设计

偏向交互行为的数字文创产品设计则强调用户在虚拟空间中的互动体验。例如，VR 游戏通过高自由度的互动设计，让用户在游戏中自主探索和发现文化元素，增强了用户的沉浸感和参与感。这种互动体验不仅增加了用户的娱乐性，还在潜移默化中传递了文化知识和价值观。

（二）元宇宙维度下的数字文创产品设计

1. 数字孪生阶段的数字文创设计

（1）数字孪生的概念与应用

数字孪生是充分利用物理模型、传感器、运行历史等数据，集成多学科、多物理量、多尺度、多概率的仿真过程，在虚拟空间中完成映射，从而反映相对应的实体对象的全生命周期过程。数字孪生作为元宇宙的初级阶段，解决了信息从物理空间向虚拟空间转化的路径问题，也就是物理世界的数字可能性问题。

（2）数字孪生在文创中的应用

数字文创产品的孪生阶段主要是将文化信息从其载体上进行提取并数据化，其实质是文化信息的数字迁移，不过此阶段所迁移的信息多聚焦于对文化元素物理形态的复制，因此这种数字迁移是直观和浅层的。例如，利用 3D 扫描技术对文物进行数字化记录，将其形态和细节在虚拟空间中再现。这种方式不仅有助于文物的保存和展示，还为后续的研究和教育提供了重要的资料支持。

2. 数字原生阶段的数字文创设计

（1）数字原生的概念与特点

与数字孪生是实体对象在数字世界中的仿真反映，和具有"后天性"的数字资产不同，数字原生在数字世界中具有"先天性"，它是由计算机等数字设备生成，原生于虚拟空间之中，遵守虚拟空间法则的一种数字资源。数字原生是人类精神世界在虚拟空间的延伸，是将虚拟空间作为精神世界的映射进行创作的产物，天生具有数字虚拟世界的抽象性特征并且更加强调内容在虚拟空间中的原生性。

（2）数字原生阶段的文创设计实践

数字原生阶段的数字文创，是在对现实文化元素进行抽象提取的基础上开展具有当代审美意识的创作，且随着数字技术的发展会不断产生新的形态变化。此阶段的数字文创设计涵盖虚拟形象、虚拟体验、虚拟资产等领域，相较于孪生阶段更加注重虚拟空间的交互性、叙事性、体验性，更加注重产品的个性化与美观化。例如，移动端应用程序是当代数字生活的重要平台，也是当下数字文化消费的主流方式。北京故宫博物院陆续推出了"每日故宫""胤禛十二美人图""韩熙载夜宴图""紫禁城祥瑞""微故宫"等应用，设计师运用故宫经典纹样与色彩，通过游戏性的交互方式解读故宫文化元素，使此类应用兼具文化气韵和当代设计美感，从而取得了良好的社会效果。

例如，"榫卯""折扇"等 App 以轻解密的互动方式模拟古代木构件和手工折扇的结构，在推出时成为现象级的数字产品。"绘真·妙笔千山"将中国传统绘画技法"青绿山水"与电子游戏相融合，设计虚拟场景与人物剧情，营造"如入画境"的体验。"云游敦煌"动画剧集将敦煌壁画以游戏剧情的方式呈现，用户需要选择角色并为其配音，从而推动故事剧情的发展，增加了该产品的沉浸感与体验感。"敦煌丝巾"运用程序化生成的模式，将经典的敦煌元素和丝巾纹样设计相结合，打造了数字文创设计与实体产品结合的全新模型，用户可以根据喜好定制属于自己的丝巾纹样。中央美术学院数码媒体工作室费俊教授等设计的"城市博物馆"，通过 MR 技术，将消失的古建筑、历史人物等进行重现，使用户在虚拟界面中同时看到现实实景与历史虚景，创新融合了虚拟与现实空间。这种数字原生的文创设计，不仅在视觉上具备吸引力，更在交互性和体验感上达到了新的高度。

第七章 文创产品设计评价

第一节 评价的标准与方法

一、功能性评价

（一）功能性评价的定义与重要性

功能性评价是对文创产品在实际使用中的功能表现进行系统评估的过程。这一评价不仅关注产品是否能够满足用户的基本需求，还包括产品的易用性、可靠性、安全性等多个方面。功能性评价的重要性在于，它是确保文创产品能够在市场上获得成功的基础。即使一个文创产品在视觉设计、文化内涵等方面表现出色，如果其功能性不足，无法满足用户的实际需求，那么该产品也难以获得用户的认可和市场的成功。

1. 功能性评价的核心要素

功能性评价的核心要素包括产品的实用性、易用性、可靠性和安全性。实用性是指产品是否能够实现其设计的基本功能，并在实际使用中发挥应有的作用。易用性关注的是产品是否便于用户操作，用户是否能够快速上手，产品的操作流程是否简洁明了。可靠性是评价产品在使用过程中的稳定性，是否能够长时间无故障地运行。安全性则涉及产品是否能够保护用户的人身和财产安全，避免用户遭受损失。

2. 功能性评价的市场影响

在市场竞争日益激烈的今天，功能性评价对于文创产品的市场表现具有决定性的影响。一个功能性强的产品能够更好地满足用户的需求，提高用户的满意度和忠诚度，从而在市场上获得更好的口碑和销售业绩。相反，如果产品的功能性不足，即使其文化价值和艺术表现再出色，也难以在市场上立足。

3. 功能性评价的社会文化意义

功能性评价不仅关乎市场和用户，也与社会文化发展紧密相关。一个功能性良好的文创产品能够促进文化的传播和交流，提升公众对文化的认知和欣赏能力。同时，功能性评价也反映了社会对产品实用性的追求，体现了现代社会对科技和创新的重视。

（二）功能性评价的标准

功能性评价的标准是评价文创产品功能性的依据，它包括实用性、易用性、可靠性和安全性等多个维度。这些标准为评价文创产品的功能性提供了明确的指导，确保评价过程的客观性和准确性。

1. 实用性

实用性是评价文创产品功能性的首要标准。一个产品如果不能实现其设计的基本功能，那么无论其外观多么吸引人，文化内涵多么丰富，都难以在市场上获得成功。实用性的评价标准包括产品是否能够解决用户的实际问题，是否能够在不同的使用场景中发挥作用，以及是否能够提供用户所需的服务和功能。

2. 易用性

易用性是评价文创产品功能性的重要标准之一。一个易用的产品能够让用户在使用过程中感到舒适和便捷，减少用户的学习成本。易用性的评价标准包括产品的用户界面设计是否友好，操作流程是否简洁明了，以及用户是否能够快速理解和掌握产品的使用方法。

3. 可靠性

可靠性是评价文创产品功能性的关键标准。一个可靠的产品能够在长时间的使用中保持稳定的性能，减少故障和维修的次数。可靠性的评价标准包括产品是否能够在不同的环境和设备下正常使用和运行，是否能够抵抗外部干扰，以及是否具备良好的耐用性。

4. 安全性

安全性是评价文创产品功能性的基础标准。一个安全的产品能够保护用户的人身和财产安全，避免用户在使用过程中遭受损失。安全性的评价标准包括产品是否会对用户的健康和人身安全造成损害，是否会使用户遭受财产损失。以及是否符合相关的法律法规和行业标准。对于数字文创产品，安全性的评价标准还应包括产品是否有完善的加密和安全防护机制,是否能够防止数据泄露和非法访问。

(三)功能性评价的方法

功能性评价的方法是实施功能性评价的具体手段,它包括用户测试、专家评估和实地考察等多种方式。这些方法能够从不同的角度和层面评价文创产品的功能性,确保评价结果的全面性和准确性。

1. 用户测试

用户测试是通过邀请用户对产品进行测试,收集他们在使用过程中的反馈,分析产品的功能表现。这种方法能够直接反映用户的真实需求和使用体验,是评价产品功能性的有效手段。用户测试可以通过问卷调查、访谈、观察等方式进行,以全面收集用户对产品功能性的评价和建议。

2. 专家评估

专家评估是通过邀请行业专家对产品进行评估,结合其专业知识和经验,对产品的功能性进行客观评价。专家评估能够提供专业的视角和深入的分析,帮助发现产品在功能性方面的问题和不足。专家评估可以通过专家评审会议、专家咨询、专家报告等方式进行。

3. 实地考察

实地考察是在实际使用环境中对产品进行测试,观察其在不同环境和条件下的表现,确保产品在各种情况下都能正常使用和运行。实地考察能够提供真实的使用场景和条件,帮助评价产品在实际使用中的功能性。实地考察可以通过现场测试、案例研究、用户跟踪等方式进行。

二、审美性评价

(一)审美性评价的定义与重要性

审美性评价是对文创产品在视觉设计和美学表现方面的综合评估,它涉及产品的外观、色彩、造型、布局等多个视觉元素。在文创产品的设计评价体系中,审美性评价占据着举足轻重的地位。这是因为在当今社会,视觉信息充斥着人们的生活,视觉设计成为产品与用户沟通的第一媒介。一个具有高度审美性的文创产品,能够在众多竞争者中脱颖而出,迅速吸引消费者的注意力,激发他们的购买欲望，从而在市场上占据有利位置。

审美性评价的重要性不仅体现在市场竞争上，还体现在文化传播和社会教育上。优秀的视觉设计能够有效地传达文化信息，增强文化的吸引力和感染力，促进文化的传承和发展。同时，审美性评价也是提升公众审美素养的重要途径，通过评价和鉴赏优秀的文创产品，可以引导公众形成健康、积极的审美观念，提高整个社会的审美水平。

（二）审美性评价的标准

审美性评价的标准是评价文创产品视觉设计和美学表现的具体依据，它包括美观性、创新性、一致性和细节等多个维度。

1. 美观性

美观性是评价文创产品视觉设计的基本标准。一个美观的产品能够给用户带来愉悦的视觉体验，增强产品的吸引力和竞争力。美观性的评价主要关注产品的色彩搭配是否和谐，造型是否优雅，布局是否合理，以及整体设计是否符合审美规律。例如，一个文创产品的包装设计如果色彩鲜艳、图案精美，就能够迅速吸引消费者的眼球，提升产品的市场表现。

2. 创新性

创新性是评价文创产品视觉设计的重要标准。在设计领域，创新是推动设计发展的核心动力。一个具有创新性的产品设计，能够打破常规，给人以新鲜感和惊喜感，从而在市场上形成独特的竞争优势。创新性的评价主要关注产品的设计是否新颖，是否能够引领设计潮流，以及是否能够满足消费者对新鲜事物的追求。例如，一个文创产品的造型设计如果采用了独特的材料或结构，就能够吸引消费者的注意，提升产品的市场竞争力。

3. 一致性

一致性是评价文创产品视觉设计的关键标准。一个具有一致性的产品设计，能够传达清晰的品牌形象和文化内涵，增强产品的识别度和记忆度。一致性的评价主要关注产品的各个设计元素是否协调统一，是否具有一致的设计风格，以及是否能够传达一致的品牌信息。例如，一个文创产品的不同版本或系列，如果在设计风格上保持一致，就能够形成统一的品牌形象，提升品牌的市场影响力。

4. 细节

细节是评价文创产品视觉设计的基础标准。一个注重细节的产品设计，能够体现出设计师的专业素养和用心程度，提升产品的品质感和精致感。细节的评价主要关注产品的细节处理是否精细，是否能够体现出设计师的独具匠心，以及是否能够带给用户高品质的使用体验。例如，一个文创产品的细节处理如果到位，如边缘打磨精细、图案分辨率高等，就能够给用户带来精致的感觉，提升产品的市场价值。

（三）审美性评价的方法

审美性评价的方法是实施审美性评价的具体手段，它包括视觉评审、用户反馈和市场分析等多种方式。

1. 视觉评审

视觉评审是通过邀请专业设计师或视觉艺术家对文创产品进行评审，结合他们的专业知识和审美经验，对产品的视觉设计进行客观评价。这种方法能够提供专业的视角和深入的分析，帮助发现产品在视觉设计方面的问题和不足。视觉评审可以通过专家评审会议、专家咨询、专家报告等方式进行，确保评价结果的权威性和准确性。

2. 用户反馈

用户反馈是通过收集用户对文创产品外观和设计的反馈，分析用户对产品视觉表现的评价。这种方法能够直接反映用户的真实需求和使用体验，是评价产品审美性的有效手段。用户反馈可以通过问卷调查、访谈、观察等方式进行，收集用户对产品美观性、创新性、一致性和细节等方面的评价和建议。

3. 市场分析

市场分析是通过市场调研和竞品分析，了解文创产品在市场中的视觉表现和竞争力，确定产品的设计是否符合市场需求和潮流趋势。这种方法能够提供市场视角和竞争视角，帮助评价产品在市场上的表现和潜力。市场分析可以通过市场调研报告、竞品分析报告、市场趋势分析等方式进行，确保评价结果的实用性和前瞻性。

三、文化性评价

(一)文化性评价的标准

1. 文化内涵

文化内涵是评价文创产品文化性的核心标准之一。这一标准要求产品能够准确地传达特定的文化信息,并且能够体现出深厚的文化底蕴。具体来说,文创产品应当能够通过其设计元素、故事叙述、符号使用等方式,展现出某一文化的历史、传统、信仰、艺术等多元信息。例如,一个以中华优秀传统文化为主题的文创产品,应当能够通过其设计语言和内容表达,准确地传递出中华优秀传统文化的精髓,如和谐、礼仪、奋斗等核心价值。

2. 共鸣度

共鸣度是衡量文创产品能否引起用户产生文化共鸣的重要标准。一个具有高共鸣度的产品能够唤起用户的文化认同感和情感共鸣,使用户在情感上与产品产生深层次的连接。这种共鸣不仅来源于产品所传达的文化信息,还包括产品设计中的情感表达和用户体验。例如,一个以地方民俗为主题的文创产品,通过其生动的故事叙述和情感化的设计,能够激发用户对地方文化的兴趣和情感投入,从而增强用户的文化认同和情感共鸣。

3. 教育性

教育性是评价文创产品文化性的关键标准之一。一个具有教育意义的文创产品,不仅能够提供娱乐和审美体验,还能够通过其文化内涵提升用户的文化素养和知识水平。这种教育性可以通过产品的内容设计、互动体验、知识传播等方式实现。例如,一个以历史人物为主题的文创产品,通过其丰富的历史资料和互动式学习体验,能够帮助用户深入了解历史人物的生平和贡献,从而提升用户的历史知识和文化素养。

4. 传播力

传播力是衡量文创产品文化影响力的重要标准。一个具有强传播力的产品,能够通过其独特的文化内涵吸引更多的用户关注和传播,从而扩大文化的传播范围和影响力。这种传播力可以通过产品的社交媒体策略、口碑营销、文化活动等方式实现。例如,一个以当代艺术为主题的文创产品,通过其在社交媒体上的创意营销和用户互动,能够引发广泛的社会讨论和传播,从而提升产品的文化影响力和市场知名度。

（二）文化性评价的方法

1. 文化专家评估

文化专家评估是一种专业的文化性评价方法，通过邀请文化领域的专家对文创产品进行深入的评估和分析，可以确保评价结果的专业性和权威性。专家评估通常包括对产品的文化内涵、设计理念、传播策略等方面的全面考量。专家会根据自己的专业知识和丰富的文化经验，对产品的文化性进行客观、深入的评价，并提出建设性的意见和建议。这种评估方法有助于发现产品在文化表达和传播方面的潜在问题，指导产品的改进和优化。

2. 用户调研

用户调研是一种直接从用户角度出发的文化性评价方法。通过问卷调查、深度访谈、焦点小组等调研手段，可以收集用户对文创产品文化内涵的直接反馈和感受。这种调研不仅能够了解用户对产品文化性的认知和接受程度，还能够揭示用户的文化需求和偏好，为产品的文化定位和市场策略提供重要依据。用户调研的结果可以用来评估产品的文化共鸣度和教育性，指导产品设计和营销策略的调整。

3. 传播效果分析

传播效果分析是一种基于实际传播数据的文化性评价方法。通过对文创产品在社交媒体、新闻媒体、线下活动等平台上的传播情况进行系统分析，可以评估产品的文化传播效果和影响力。这种分析通常包括对传播范围、传播速度、用户参与度、社会反响等多个维度的考量。传播效果分析的结果可以用来评估产品的传播力和市场表现，为产品的文化传播策略提供数据支持和优化建议。

第二节 用户体验与满意度调查

一、用户体验评价方法

（一）用户体验评价的定义与重要性

1. 用户体验评价的定义

用户体验评价主要指对用户在使用文创产品过程中的感受和反馈进行评价。用户体验不仅是用户与产品交互时的直接反应，还包括用户在使用过程中的情感反应、满意度和使用习惯等多个方面。它涉及用户与产品之间的每一次互动，从视觉设计、功能实现到操作流程，每一个细节都影响着用户的整体体验。

2. 用户体验评价的重要性

用户体验评价是文创产品设计评价的重要组成部分。用户体验直接影响用户对产品的满意度和忠诚度，进而影响产品的市场表现和品牌形象。一个用户体验良好的文创产品，能够在激烈的市场竞争中脱颖而出，获得用户的青睐和忠诚。相反，如果用户体验不佳，即使产品在功能和设计上都非常出色，也无法获得用户的认可。因此，重视用户体验评价，及时了解用户的真实反馈，并不断优化和改进产品，是提升产品竞争力和市场表现的关键。

3. 用户体验评价的目标

用户体验评价的目标在于通过科学的方法和工具，全面、深入地了解用户在使用文创产品过程中的真实感受和反馈。通过系统的用户体验评价，可以识别出产品设计中的优势和不足，找出用户在使用过程中的需求和期望，从而为产品的优化和改进提供科学依据。用户体验评价的目标是通过不断提升产品的用户体验，增加用户的满意度和忠诚度，推动产品在市场上获得成功。

（二）用户体验评价的方法

用户体验评价的方法主要包括定量评价、定性评价和使用场景观察。不同的方法各有优劣，综合运用可以获得更加全面和深入的用户体验反馈。

1. 定量评价

（1）定量评价的定义与特点

定量评价是通过问卷调查、评分系统等方式，收集用户对产品使用体验的定量数据。定量评价的特点在于其结果具有较强的客观性和可量化性，能够通过数字和统计数据直观地反映出用户的满意度和需求。定量评价适用于大规模的用户反馈收集，可以提供广泛的用户数据基础。

（2）定量评价的方法

①问卷调查：设计一份详细的问卷，涵盖产品的功能、外观、操作等各个方面，让用户进行评分和评价。问卷问题应当具体、明确，并包括多个维度的内容，如产品的易用性、美观性、功能性等。问卷调查可以通过线上、线下多种渠道进行，以确保覆盖更广泛的用户群体。

②评分系统

在产品的使用过程中设置评分系统，邀请用户对每个功能模块进行打分。评分系统可以是星级评分、满意度评分等能够直观地反映用户对不同功能模块的评价和满意度的形式。

（3）定量评价的数据分析

通过统计分析软件，对收集到的定量数据进行分析，从而获取用户对产品各个方面的评价和意见。例如，可以通过平均分、标准差等统计指标，分析用户对产品功能、外观、操作等方面的总体满意度和需求。数据分析还可以结合用户的个人信息，如年龄、性别、职业等，进行细分市场的分析，找出不同用户群体的偏好和需求差异。

2. 定性评价

（1）定性评价的定义与特点

定性评价是通过深度访谈、焦点小组等方式，收集用户对产品使用体验的定性反馈。定性评价的特点在于其结果具有较强的主观性和细节性，能够深入了解用户的情感反应和使用习惯，挖掘用户的潜在需求和期望。定性评价适用于深入分析用户体验的具体问题和细节，可以提供丰富的用户体验数据。

（2）定性评价的方法

①深度访谈：与用户进行一对一的深度访谈，了解用户在使用产品过程中的详细体验和感受。访谈的问题应当开放且具体，鼓励用户详细描述他们的使用体验和意见。深度访谈可以通过面对面、电话或视频的方式进行，以确保用户能够畅所欲言，提供真实的反馈。

②焦点小组：组织一个焦点小组进行讨论，邀请多个用户分享和讨论他们在使用产品过程中的体验和感受。焦点小组讨论可以通过专业的主持人引导，确保

每个用户都有机会发表意见,并激发用户之间的互动和讨论。可以将焦点小组的讨论内容进行录音或记录,以便后续的分析和研究。

(3)定性评价的数据分析

通过主题分析、文本分析等方法,对收集到的定性数据进行分析,找出用户对产品的主要关注点和改进建议。主题分析可以将用户的反馈分为不同的主题或类别,如功能问题、设计问题、使用习惯等,再进行系统的整理和分析。文本分析可以通过 NLP 技术,提取用户反馈中的关键信息和关键词,为产品优化提供具体的方向和建议。

3. 使用场景观察

(1)使用场景观察的定义与特点

使用场景观察是通过在实际使用环境中观察用户的使用行为,分析用户在不同场景下的使用习惯和问题。使用场景观察的特点在于其结果具有较强的真实性和现场感,能够直观地反映用户的实际使用情况和问题。使用场景观察适用于识别产品设计中的不足和改进点,并提供真实的用户体验数据。

(2)使用场景观察的方法

①现场观察:在用户实际使用产品的现场进行观察,记录用户的操作步骤和反应。现场观察可以通过笔记、照片或视频记录的方式,详细记录用户在使用产品过程中的每一个操作和反应。观察人员应当尽量不干扰用户的正常使用,确保数据的真实性和客观性。

②情景模拟:在实验室或模拟环境中重现用户的使用场景,观察用户的操作行为和体验。情景模拟可以通过设计具体的使用任务和情境,让用户在模拟环境中完成操作,并记录他们的操作步骤和反应。情景模拟适用于分析特定场景下的用户体验问题,以获取详细的操作数据和反馈。

(3)使用场景观察的数据分析

通过行为分析、任务分析等方法,对收集到的使用场景数据进行分析,找出用户在使用过程中的主要问题。行为分析可以通过对用户的操作步骤和反应进行逐步分析,找出用户在操作过程中遇到的困难和问题。任务分析可以通过分析用户在完成特定任务过程中的操作和表现,评估产品的易用性和功能性,找出产品设计中的不足和优化方向。

二、满意度调查的实施

（一）满意度调查的定义与重要性

1. 满意度调查的定义

满意度调查是一种系统性的研究方法，旨在通过收集和分析用户对产品或服务的满意程度，评估其质量、性能和用户接受度。具体而言，满意度调查通常涉及一系列标准化的问题，通过问卷调查、电话访谈、在线调查等多种形式，获取用户的主观评价和反馈。满意度调查不仅能够反映用户对产品或服务的直观感受，还能够揭示用户的潜在需求和期望，从而为企业的产品设计、服务改进和市场策略提供科学依据。

2. 满意度调查的重要性

满意度调查的重要性在于能够直接反映用户对产品的实际感受和期望，为产品设计、改进和市场策略提供关键信息。满意度调查可以帮助企业了解用户对现有产品或服务的满意度，从而识别产品或服务的优势和不足。通过对用户反馈的分析，企业可以针对性地改进产品或服务，提高用户满意度和忠诚度。

3. 文创产品的满意度调查

在文创产品领域，满意度调查尤为关键。文创产品往往具有独特的文化价值，用户的满意度不仅关系到产品的市场表现，还关系到文化传播的效果和品牌形象的塑造。文创产品不仅是功能性商品，更是一种文化体验和情感表达。因此，通过满意度调查，可以及时了解用户对文创产品的接受程度、使用体验和文化认同，从而指导产品的设计优化和文化价值的传递。一款文创产品的用户满意度调查可以包括以下几个方面：产品的设计美观度、使用便捷性、文化内涵的传达、价格合理性、售后服务质量等。通过这些维度的调查，企业可以全面了解用户对产品的具体评价，发现产品设计和营销中的不足，进而进行有针对性地改进。

4. 满意度调查的市场趋势与用户需求

满意度调查还能帮助企业识别市场趋势和用户需求的变化，为产品的创新和差异化竞争提供依据。随着市场环境和用户需求的不断变化，企业需要不断调整产品和服务，以满足用户的期望。通过定期的满意度调查，企业可以及时捕捉市场动态和用户反馈，保持竞争优势。例如，通过分析满意度调查的数据，企业可以发

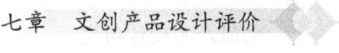

现用户对某一类文创产品的兴趣增加，从而开发更多类似产品，满足市场需求。

满意度调查不仅是企业了解用户需求和市场趋势的重要工具，也是企业提升产品和服务质量、增强市场竞争力的重要手段。通过系统的满意度调查，企业可以科学地制定产品改进和市场营销策略，提升用户满意度和对品牌的忠诚度，实现企业的可持续发展。

（二）满意度调查的方法

1. 问卷调查

（1）问卷调查的设计与实施

问卷调查是一种广泛应用的满意度调查方法，它通过设计一系列标准化的问题，收集用户对产品或服务的评价和反馈。问卷设计应确保问题的全面性和针对性，涵盖产品的功能、设计、价格、服务等多个方面，以便全面评估用户的满意度。问卷可以采用多种形式，如选择题、评分题、开放式问题等，以适应不同用户群体和调查目的。例如，设计一份包含多个维度的问卷，如产品的易用性、美观性、文化内涵、价格合理性等，让用户对每个维度进行评分。

（2）问卷调查的数据分析

通过统计分析问卷调查获取的评分数据，可以得到用户满意度的量化指标，进而评估产品在不同方面的表现。统计分析的方法可以包括描述性统计分析、因子分析、回归分析等，通过这些方法，可以深入理解用户对产品的满意度和影响因素。例如，通过因子分析，可以识别影响用户满意度的主要因素，如产品设计、功能、价格等，从而为产品改进提供具体的方向。

（3）问卷调查的实施与效果评估

可以用多种方式开展问卷调查，以确保样本的代表性和调查的效率。例如，可以通过邮件、现场或在线平台进行问卷发放。邮件问卷能够覆盖广泛的用户群体，现场发放问卷则适合特定场合或活动中的用户，在线平台问卷则方便快捷，能够快速收集大量数据。此外，为了提高问卷的回收率和质量，可以在问卷调查过程中设置激励机制，如抽奖或赠送小礼品，吸引用户参与。

2. 电话访谈

（1）电话访谈的优势与特点

电话访谈是一种深入了解用户满意度的定性调查方法。通过与用户进行一对一的电话交流，可以获取用户的详细意见和深层次反馈。电话访谈的优势在于能够即时解答用户的疑问，引导用户深入表达其满意度和不满的原因，从而获得更为丰富和具体的信息。

（2）电话访谈的实施步骤

电话访谈的实施步骤通常包括确定访谈对象、设计访谈提纲、实施访谈和整理分析数据。首先，需要确定访谈对象，可以选择一部分核心用户或具有代表性的用户群体，以确保访谈结果具有代表性和有效性。其次，设计访谈提纲，提纲应包括开放式问题和引导性问题，鼓励用户详细描述其使用体验和改进建议。实施访谈时，调查者应具备良好的沟通技巧和专业知识，以确保访谈的有效性和信息的准确性。最后，整理和分析访谈数据，将用户的反馈和建议归纳总结，为产品改进提供具体的依据。

（3）电话访谈的结果分析

电话访谈的结果可以与其他调查方法的结果相互印证，为产品改进提供更全面的视角。例如，通过电话访谈获取的详细用户意见，可以补充和验证问卷调查的量化数据，形成更为全面和深刻的用户满意度评估。电话访谈还可以发现问卷调查中未涉及的细节问题和用户的潜在需求，为产品创新提供新的思路和方向。

3. 在线调查

（1）在线调查的实施与优势

在线调查是一种利用互联网技术进行的满意度调查方法。它通过在线调查平台发布问卷或进行实时访谈，收集用户的满意度数据和反馈。在线调查的优势在于覆盖面广、操作便捷、成本较低，且能够快速收集大量数据。例如，通过社交媒体、产品官网或专业的在线调查平台发布调查链接，邀请用户参与满意度调查。在线调查可以利用多媒体和互动技术，提高用户的参与度和问卷的完成率。

（2）在线调查的技术应用

在线调查可以采用多种技术手段，提高调查的有效性和用户体验。例如，利用多媒体技术，可以在问卷中嵌入图片、视频等内容，帮助用户更好地理解问题，提高回答的准确性。利用互动技术，可以设置跳转逻辑，根据用户的回答动态调整后续问题，减少用户的填写负担，提高问卷的完成率。

（3）在线调查的数据监控与分析

在线调查还可以实时监控数据收集进度和质量，及时调整调查策略，确保调查结果的准确性和可靠性。例如，在线调查平台可以自动统计问卷的回收率、答题时间等数据，帮助企业实时了解调查的进展和效果。通过数据分析，可以快速识别用户满意度的变化趋势和主要影响因素，为产品改进和市场策略提供及时的反馈和指导。

三、用户反馈的分析与应用

（一）用户反馈分析的方法

1. 数据分析

数据分析是用户反馈分析中的核心环节，它涉及对大量用户反馈数据的系统处理和解释，以揭示影响用户满意度的关键因素和产品存在的问题。数据分析通常包括描述性统计分析、相关性分析、回归分析等多种分析方法，旨在从定量的角度理解用户反馈。

在实施数据分析时，首先需要对收集到的用户反馈数据进行清洗和整理，确保数据的准确性和完整性。随后，利用统计分析软件对数据进行描述性统计分析，如计算平均值、中位数、标准差等，以概述用户满意度的整体水平和影响因子分布情况。通过进一步的相关性分析和回归分析，可以探索不同变量之间的关系，识别哪些因素对用户满意度有显著影响。例如，分析产品价格、功能、设计等因素与用户满意度之间的相关性，找出影响用户满意度的关键因素。

数据分析的结果可以为产品改进提供量化依据，帮助决策者确定改进的重点和优先级。此外，数据分析还能揭示市场趋势和用户行为的模式，为企业战略规划和市场预测提供支持。

2. 内容分析

内容分析是一种定性分析方法，它通过对用户反馈的文字内容进行深入解读，挖掘用户的潜在需求、情感态度和期望。内容分析通常涉及文本的分类、编码和主题提取，旨在从定性的角度理解用户反馈的深层含义。

在进行内容分析时，首先需要对用户的文字反馈进行细致的阅读和理解，识别出关键的意见、建议和情感表达。通过构建分类体系和编码框架，将用户的反馈归类到不同的主题或类别中，如产品功能、用户体验、服务质量等。随后，对每个类别中的反馈进行频率统计和主题分析，找出用户最关心的问题和最强烈的期望。

内容分析不仅能够揭示用户反馈的表面信息,还能深入理解用户的情感需求和心理预期,为产品设计和市场沟通提供更为细致的指导。此外,内容分析还能帮助企业识别潜在的市场机会和风险,为产品创新和差异化竞争提供策略建议。

(二)用户反馈的应用

1. 产品改进

用户反馈是产品改进的重要依据,它直接反映了用户对产品的实际体验和期望。通过分析用户反馈,企业可以识别产品的优点和不足,明确改进的方向和重点。

在应用用户反馈进行产品改进时,首先需要将用户反馈与产品的设计、功能、性能等要素相对应,确定哪些方面的改进能够最直接地提升用户满意度。例如,用户普遍反映产品的易用性不足,那么企业可以针对这一问题进行界面优化、操作简化等改进措施。此外,企业还可以根据用户反馈的创新建议,开发新的产品功能或服务,以满足用户的多样化需求。

产品改进不仅涉及技术层面的优化,还包括用户体验和文化价值的提升。通过将用户反馈融入产品设计和开发的全过程,企业可以不断优化产品的功能性、审美性和文化性,提升用户的使用体验和对品牌的忠诚度。

2. 用户关系管理

用户反馈是企业与用户沟通的桥梁,它不仅为产品提供了改进的方向,还揭示了用户的需求和期望,同时,还为企业建立和维护良好用户关系提供了契机。

在应用用户反馈进行用户关系管理时,企业需要深入理解用户的反馈内容,识别用户的情感需求和沟通偏好。例如,通过分析用户对产品服务的评价,企业可以了解用户对服务的期望和不满,进而制定针对性的服务改进措施。此外,企业还可以通过用户反馈,开展个性化的用户关怀活动,如定制化服务、优惠活动、用户社区建设等,以增强用户的参与感和归属感。

用户关系管理的核心在于建立长期的信任和合作关系,通过持续的用户反馈和互动,企业可以不断提升用户的满意度和忠诚度,塑造积极的品牌形象。同时,良好的用户关系还能为企业带来口碑传播和市场扩展的机会,增强企业的市场竞争力和可持续发展能力。

第三节 文创产品的社会影响与意义

一、对经济发展的贡献

经济发展是一个国家或地区按人口平均的实际福利增长过程，它不仅是财富和经济机体量的增加和扩张，而且还意味着其质量方面的变化，即经济结构、社会结构的创新，社会生活质量和投入产生效益的提高。在现代化经济体系中，文创产品作为文化与经济结合的产物，不仅承载着文化传播、提升文化软实力的功能，更在经济层面上发挥着重要作用。文创产品的经济价值体现在其能够创造新的市场需求，推动相关产业链的发展，以及通过文化创新带动经济增长。首先，文创产品通过其独特的文化内涵和创意设计，能够吸引消费者的注意力，创造新的消费需求，从而促进市场经济的活跃。其次，文创产业的发展能够带动设计、制造、营销、服务等一系列相关产业的发展，形成产业链的延伸和拓展，增加就业机会，提高社会生产力。最后，文创产品的经济效益不仅体现在直接的销售收入上，还包括品牌价值的提升、文化影响力的扩大等间接经济效益，这些都对国家的经济发展具有重要意义。

（一）对经济发展贡献的评价

1. 就业机会

（1）文创产业的就业促进效应

文创产业的发展在创造就业机会方面展现出巨大的潜力，已成为推动经济发展的重要力量。文创产业涉及设计、制作、营销和管理等多个环节，每个环节都需要不同专业的人才。设计阶段需要具备创新思维和艺术素养的创意设计师，他们通过独特的设计理念赋予文创产品文化内涵和视觉表现。制作环节则依赖于工艺技术人员的精湛技艺，他们将设计师的创意转化为实际产品，并确保产品的质量。营销方面，市场推广专家利用多种营销手段和策略，将文创产品推向市场，扩大产品的影响力和销售额。而在管理层面，企业管理人员负责协调各个环节的运作，确保文创产业链的顺畅运转。

（2）多样化的就业选择与社会稳定

文创产业的跨领域特点不仅提供了多样化的就业选择，还为不同层次的人才提供了发展空间。高学历的专业人才可以在设计和管理岗位上施展才华，中等学历和技术型人才则在制作和营销环节中发挥作用。文创产业的这些岗位设立，有助于吸纳社会各个阶层的劳动力，缓解就业压力，促进社会稳定。此外，文创产业的灵活性和创造性还吸引了大量年轻人投身其中，他们的创新潜力，能够提升整体劳动力素质。

（3）就业质量与职业发展

除了提供就业机会，文创产业还注重提升就业质量。文创企业通常注重员工的职业发展，为他们提供了多样化的培训项目和晋升通道，帮助员工不断提升自身技能和知识水平。这不仅增强了员工的职业归属感和满意度，也为企业的持续创新性发展提供了人力资源保障。文创产业的职业发展路径多样，从初级技术人员到高级管理人才，各类人才都能找到适合自己的发展方向和机会。

2. 产业发展

（1）产业结构的优化与融合发展

文创产业的发展促进了产业结构的优化和融合发展。文创产品的独特性和创新性使其在市场上具有较高的附加值和竞争力，能够带动相关产业的升级和创新。例如，文创产业与科技的融合，催生了以文化为核心、科技为手段的新兴产业形态，如数字艺术、VR等。这些新兴产业不仅拓展了文创产业的边界，还为科技产业注入了新的活力。此外，文创产业与旅游、教育等领域的融合发展，也形成了新的经济增长点，推动了产业的多元化和协同发展。

（2）文创产业链的延伸与集群效应

文创产业的发展不仅局限于单一产品的生产和销售，而是逐渐形成了完整的产业链和集群效应。文创产业链包括创意设计、生产制作、品牌营销、渠道分销等多个环节，各环节之间相互依存、紧密协作，共同推动产业的整体发展。文创产业集群的形成，不仅提升了产业的规模效应和竞争力，还促进了区域经济的发展。文创产业集群内的企业通过资源共享、技术合作和市场联动，能够实现优势互补，提升整体竞争力。

3. 经济效益

（1）文创产品的直接经济收入

文创产品的经济效益是其对经济发展贡献的直接体现。通过市场销售，文创产品能够直接产生经济收入，这些收入包括产品的销售利润、品牌授权费、版权交易收入等。成功的文创产品往往具有较高的市场需求和销售量，能够为企业带来可观的销售收入。此外，文创产品的品牌价值和知识产权也具有重要的经济意义，通过品牌授权和版权交易，企业可以获得额外的收入来源，进一步提升经济效益。

（2）品牌形象的提升与市场竞争力的增强

成功的文创产品不仅能够带来直接的经济效益，还能够显著提升企业的品牌形象和市场竞争力。文创产品通过其独特的文化内涵和创新设计，能够在市场上树立良好的品牌形象，赢得消费者的认可。这种品牌效应不仅有助于扩大产品的市场份额，还能够吸引更多的商业机会和合作伙伴。例如，具有知名度和影响力的文创品牌，往往能够吸引到更多的投资和合作项目，进一步增强企业的市场竞争力和发展潜力。

（3）长期经济效益与社会影响

文创产品的经济效益不仅体现在短期的销售收入和品牌价值上，还具有长期的经济效益和重要的社会影响。文创产业的持续发展能够带动相关产业的协同发展，形成良性的产业生态系统。例如，文创产业的发展能够促进文化旅游、创意设计、教育培训等相关产业的繁荣，形成新的经济增长点。此外，文创产品通过传播和弘扬优秀的文化价值，能够提升社会的文化品位和国家文化软实力，为社会发展注入持久的动力和活力。

（4）创新驱动与可持续发展

文创产业的经济效益还体现在其对创新驱动和可持续发展的促进作用上。文创产业依托文化和创意的融合，通过不断创新和突破，能够实现经济效益的持续增长。企业通过研发新产品、拓展新市场和探索新模式，不断提升自身的竞争力和市场地位。同时，文创产业注重环境保护和资源利用，通过绿色设计和可持续生产，促进经济与环境的协调发展，推动经济的可持续增长。

（二）对经济发展贡献的评价方法

1. 市场分析

市场分析是评价文创产品对经济发展贡献的关键方法之一。它涉及对文创产品市场的全面调研，包括市场定位、消费者需求、竞争状况等多个维度。市场分析的目的是更好地理解市场动态，预测市场趋势，以及制定有效的市场策略。

市场调研通常包括定量和定性两种研究方法。定量研究通过问卷调查、销售数据分析等方式，收集大量数据，以量化文创产品的市场表现和消费者偏好。定性研究则通过深度访谈、焦点小组讨论等方法，深入探讨消费者对文创产品的态度、使用体验和文化价值认知。

市场分析还包括对市场趋势的预测，这通常涉及对宏观经济环境、社会文化变迁、技术发展等因素的考量。例如，随着数字化的发展，文创产品的线上销售和数字内容消费可能成为新的增长点。此外，对竞争对手的分析也是市场分析的重要组成部分，它可以帮助文创产品企业了解同行业其他产品的市场表现和策略，从而制定更有针对性的竞争策略。

市场分析的结果对于文创产品的市场定位、营销策略和产品开发具有重要指导意义。例如，通过市场分析，文创产品企业可以了解哪些文化元素更受消费者欢迎，哪些营销渠道更有效，哪些产品特性更能满足市场需求。这些信息有助于文创产品更好地适应市场变化，提高市场竞争力，从而对经济发展做出更大贡献。

2. 财务分析

财务分析是评价文创产品经济效益的核心方法。它通过对文创产品的财务数据进行深入分析，评估其盈利能力、成本控制和投资回报。财务分析通常涉及对销售收入、成本支出、利润水平等关键财务指标的计算和解读。

销售数据分析是财务分析的基础，它可以帮助评估文创产品的市场接受度和销售潜力。成本结构分析则关注文创产品的生产成本、运营成本和营销成本等，有助于识别成本节约的机会和提高效率的途径。利润水平分析则直接反映了文创产品的盈利能力，是衡量文创产品经济贡献的重要指标。

财务分析还包括对ROI（投资回报率）、NPV（净现值）、IRR（内部收益率）等财务指标的计算。这些指标能够帮助投资者和决策者评估文创产品的长期经济效益和投资价值。例如，ROI可以衡量投资文创产品的收益与成本之间的关系，NPV和IRR则可以评估文创产品项目的财务可行性和盈利潜力。

财务分析的结果对于文创产品的财务规划、投资决策和风险管理具有重要意义。通过财务分析，文创产品企业可以了解如何优化成本结构，提高盈利能力，以及如何吸引投资和扩大生产规模。这些措施有助于文创产品企业提升经济效益，对经济发展做出实质性贡献。

3. 产业研究

产业研究是评价文创产品对产业发展贡献的重要途径。它涉及对文创产品所在产业的深入分析，包括产业发展现状、趋势、问题以及文创产品在产业中的作用和影响。产业研究的目的在于理解文创产品如何推动产业创新和升级，以及如何适应和引领产业变革。

产业研究通常包括对产业政策、市场环境、技术进步、消费者行为等因素的分析。例如，产业政策分析可以帮助企业了解政府对文创产业的扶持政策和监管框架，市场环境分析可以揭示文创产品的市场机遇和挑战，技术进步则会对文创产品创新和生产方式产生影响，而消费者行为会对文创产品需求和偏好产生影响。

产业研究还包括对文创产品在产业中的地位和作用的评估。例如，文创产品可以通过提供新的文化体验、创造新的消费模式、促进文化交流等方式，推动产业的发展和升级。此外，文创产品还可以通过与其他产业的融合，如旅游业、教育业、娱乐业等，产生跨界效应，进一步扩大其经济贡献。

产业研究的结果对于文创产品的战略规划、市场拓展和产业合作具有重要指导意义。通过产业研究，文创产品企业可以了解如何利用产业政策和市场机遇，如何应对技术变革和消费者需求变化，以及如何通过产业合作和创新，提升文创产品的产业地位和经济贡献。

二、推动社会进步

社会进步是社会结构、文化、经济、政治等多方面因素相互作用的结果，它体现在社会成员的生活质量、文化素养、价值观念、社会关系等方面的持续改善和提升。文创产品，即文化创意产品，是指以文化为核心，通过创意设计和技术加工，将文化元素转化为具有实用价值和审美价值的产品。文创产品不仅是经济产品，更是社会产品，它们通过传播文化知识、提升公众审美、促进社会交流等方式，对社会进步具有重要的推动作用。

文创产品的社会价值在于其能够促进文化多样性和社会包容性，增强社会成员之间的相互理解和尊重，推动社会向更加和谐、公正的方向发展。此外，文创产品还能够激发公众的创新思维和创造力，促进科技与文化的融合，推动社会在知识、技术、艺术等方面的创新发展。因此，评价文创产品对社会进步的推动作用需要从提升文化素养、促进社会和谐、推动社会创新等多个维度进行综合考量。

（一）提升公众文化素养

文创产品在提升公众文化素养方面具有显著的作用。文创产品通过独特的文化内涵和创意设计，能够激发公众对文化知识的兴趣，从而提升公众的文化认知和审美水平。文化素养不仅包括对文化知识的理解和掌握，还包括对文化价值观念的认同和实践。因此，文创产品在提升文化素养中的作用是多方面的，既体现在知识层面，也体现在价值观层面。

1. 潜移默化地传播文化知识

文创产品通过设计和传播，将传统文化、历史故事、艺术作品等文化元素融入日常生活，使公众在消费和使用过程中自然而然地接触和学习到这些文化知识。例如，北京故宫博物院的文创产品将故宫的历史文化通过现代设计手法，制作成各种实用的文化商品，如手机壳、文具、装饰品等。这些产品不仅具有实用性，还承载了丰富的历史文化信息，使消费者在使用过程中，潜移默化地接受了传统文化的浸润。

2. 增强公众文化自信

文创产品能够增强公众的文化自信。文化自信是一个民族、一个国家对自身文化价值的充分肯定和积极践行，并对其文化的生命力持有坚定的信心。通过文创产品的传播，可以让公众更加了解和认同自己的文化，从而增强文化自信。例如，结合传统工艺和现代设计的文创产品，不仅展示了传统文化的独特魅力，还体现了现代文化的创新精神。这种结合能够激发公众对本民族文化的自豪感和认同感，从而增强了文化自信。

3. 促进文化传承和发展

文创产品在促进文化传承和发展方面也发挥了重要作用。许多文创产品通过创新的设计和传播，使一些濒临失传的传统技艺和文化重新焕发生机。例如，通过将传统手工艺与现代设计相结合，制作成具有市场竞争力的文创产品，不仅可以保护和传承这些传统技艺，还可以使其在现代社会中得到更广泛的应用和传播。这样的文创产品不仅是一件商品，更是文化的载体和传承者。

4. 提升公众审美水平和文化素养

文创产品还能够提升公众的审美水平和文化素养。通过对艺术和设计的欣赏，公众可以提升对美的感知和理解，培养良好的审美情趣和文化品位。例如，通过购买和使用精美的文创产品，公众可以接触到高水平的艺术设计，提升自身的审美能力和文化素养。这种潜移默化的文化教育方式，有助于提升公众的整体文化素养，促进社会的文化进步。

（二）促进社会和谐

文创产品在促进社会和谐方面具有独特的优势。文创产品所体现的文化价值和设计理念，能够促进社会的多元化和包容性，增强社会的凝聚力和向心力。社会和谐不仅是社会稳定的重要保障，也是社会进步的重要标志。因此，文创产品在促进社会和谐中的作用是不可忽视的。

1. 促进不同文化间的理解和尊重

文创产品通过展现不同文化背景下的共同价值观和美好愿景，能够促进不同文化背景群体之间的相互理解和尊重，减少社会矛盾和冲突。例如，一些文创产品通过展示不同民族、不同地区的文化特色和共同价值观，可以让公众更好地理解和尊重不同文化，从而促进社会的多元化和包容性。通过这样的文化交流和互动，可以减少社会中的偏见和歧视，促进社会和谐。

2. 推动社会可持续发展

文创产品通过其设计和营销策略，传递积极的社会信息，如环保、公益、平等、互助等，有助于构建和谐的社会环境。例如，一些以环保为主题的文创产品，通过创新的设计和推广，能够引导公众关注环境保护，增强环保意识。这样的文创产品不仅具有商业价值，更具有社会价值，可以通过文化和创意的力量，推动社会的可持续发展。

3. 增强社会凝聚力和向心力

文创产品在增强社会凝聚力和向心力方面也发挥了重要作用。通过文创产品的设计和推广，可以促进不同群体之间的文化交流和互动，增强社会成员的归属感和认同感。例如，在社区文化活动中，通过设计和制作社区特色的文创产品，可以增强社区成员的互动和交流，提升社区的凝聚力和归属感。此外，文创产品还可以通过公益项目和社会活动，传递积极的社会价值观，推动社会的和谐发展。

4. 在社会治理和社会服务中的积极作用

文创产品还能够在社会治理和社会服务中发挥积极作用。通过文创产品的设计和应用，可以提升社会服务的质量和水平，促进社会治理的创新性发展。例如，一些结合了科技和文化的文创产品，如智能社区服务系统、文化体验项目等，可以提升社区服务的效率和效果，促进社会的和谐发展。这些文创产品不仅是一种经济产品，更是一种社会产品，具有重要的社会价值和意义。

（三）推动社会创新

文创产品在推动社会创新方面同样具有重要作用。创新是社会进步的重要动力，而文创产品作为文化和创意的载体，能够激发公众的创新思维和创造力，推动社会的科技进步和文化创新。因此，文创产品在社会创新中的作用是多方面的，既体现在技术创新上，也体现在文化创新上。

1. 激发公众的创新思维和创造力

文创产品通过其创新设计和功能，能够激发公众的创新思维和创造力。文创产品不仅是文化的载体，更是创新的具体体现。通过创新的设计和功能，文创产品可以引导公众思考和探索新的文化形式和表达方式，从而激发公众的创新思维和创造力。例如，一些结合了现代科技的文创产品，如智能艺术品、VR体验等，不仅为公众提供了全新的文化体验，还推动了相关科技的发展和应用。这些文创产品通过创新的技术和设计，提升了文化的传播效果和影响力，推动了文化和科技的融合发展。

2. 促进知识交流和文化创新

文创产品在促进知识交流和技术创新方面也发挥了重要作用。在文创产品的设计和生产过程中，往往需要跨学科、跨领域的合作，这种合作模式有助于促进知识交流和技术创新，推动多个领域的创新发展。例如，通过将艺术设计与科技应用相结合，制作成具有市场竞争力的文创产品，可以促进艺术和科技的融合发展，推动知识的交流和创新。此外，文创产品的创新模式和实践经验，还可以为其他领域的创新提供参考和借鉴，推动社会整体创新能力水平的提升。

3. 促进文化创新和产业创新

文创产品在促进文化创新和产业创新方面也具有重要意义。通过创新的设计和传播方式，文创产品可以推动文化的创新发展，提升文化产业的竞争力和影响力。例如，通过数字技术和新媒体，将传统文化内容转化为数字文创产品，可以推动文化的数字化和创新发展，提升文化产业的市场竞争力和影响力。此外，文创产品的创新模式和成功经验，还可以为文化产业的创新发展提供参考和借鉴，推动文化产业整体创新能力的提升。

4. 提升社会服务质量

文创产品还能够在社会服务中发挥积极作用。通过文创产品的设计和应用，可以提升社会服务的质量和水平，促进社会创新和社会治理的进步。

参考文献

[1] 乔南,刘立军,胡玉良.《吴桥杂技艺术之民族精神》[J].《大众文艺》,2015(95).

[2] 符冰.城市品牌传播视角下的地方文化类文创产品开发研究:以襄阳地方文化类文创产品开发为例[J].视听,2020(01).

[3] 韩丽梅.弘扬四种精神喜迎精彩盛会[N].沧州日报,2014(7).

[4] 黄惠谊.地域文化与城市美学的关系研究:以广州西关建筑为例[J].城市住宅,2019(7).

[5] 皮宇辰.城市主题文创产品的创新开发与设计研究[J].西部皮革,2022(2).

[6] 张晓刚.新文创语境下"城市礼物"生态建构的中国经验及中国范式[J].深圳大学学报(人文社会科学版),2022,39(02).

[7] 王静静,张超,赵达源.黎锦纹样在旅游文创产品设计中的应用[J].设计艺术研究,2023(2).

[8] 吴晶晶,耿畅远.基于数字孪生的畲族文创设计研究[J].包装工程,2023(18).

[9] 王蕾.镜像世界:数字3D打印的空间营造和文化传播创新[J].出版发行研究,2022(8).

[10] 张亚飞,周志祥,申金福,等.聚四氢呋喃丙烯酸酯增韧改性3D打印光敏树脂[J].工程塑料应用,2023(5).

[11] 叶文辉,廖强,宋阳,等.基于3D打印技术的钛及钛合金精密铸造工艺[J].有色金属加工,2022(5).

[12] 赵音,郭华清,徐冬梅.ABS改性制备3D打印用料的研究[J].上海塑料,2020(4).

[13] 肖嘉林,李知远,蔡雨浓,等.改性油茶壳粉增强聚乳酸3D打印材料性能研究[J].塑料科技,2023(3).